（実務英語強くなる）

よくわかる英文契約書

読み方、書き方、チェックの仕方

ENGLISH CONTRACTS

東京六本木法律事務所
弁護士 大塚一郎

日本能率協会マネジメントセンター

はじめに

　経済のグローバル化によって、中小企業であっても日常的に国際取引を行う時代になってきました。親企業または取引先企業の海外進出にともない、中小企業も海外進出を余儀なくされています。また、中小企業自身が、安い労働力を求めて中国などへ進出するようにもなりました。そして、B to B（インターネットを通じた企業間取引）の発展により、中小企業でも海外との取引が容易になり、いかなる企業でも国際取引をする時代になっています。

　ところで、国際取引では英文契約書が使われているのが一般的です。契約書を読むのが嫌でも、ましてや英文を読むのが嫌であっても、英文契約書を読み、作成しなければならない時代になっています。国内取引と異なり、国際取引では英文契約書が必須です。むしろ、英文契約書の十分な理解と活用なくしては、国際取引は行えないと言っても過言ではありません。

　本書は、専門家のためではなく、おもに今まであまり英文契約書に接する機会のなかった人に、積極的に英文契約書と取り組む橋渡しの役割をするために企画されたものです。したがって、本書は学問的、専門的な議論はできるかぎり省略し、実際に契約を結ばなければならない人が現場で最低限必要となる英文契約書の読み方・書き方とチェックの技術を中心として説明しています。あくまでも、入門書です。もっと詳しく知りたいという人のためには、本書の末尾に参考文献を掲載していますので、参考にしてください。

　また、当然のことながら、本書だけですべての英文契約書に対処できるわけではありません。個々の案件については、弁護士に相談する必要があります。ただし、英文契約書が苦手だからといって、すべて

弁護士にお任せということでは、時間も費用もかかり、効率的ではありません。また、弁護士が必ずしも個々のビジネスについて詳しいとはかぎりませんから、作成した契約書が必ずしもビジネス上、最適とはいえないこともあります。

本書を活用して、自ら英文契約書をチェックし、有利な契約書をドラフトすることによって、時間と費用が節約できるだけでなく、ビジネス上も問題のない英文契約を締結することが可能になると思います。

本書では、そのために、(1) 一般条項の例とその和訳、(2) 各種英文契約の主たるチェックポイント、(3) 各種英文契約の主たる条項例とその和訳、(4) 英文契約の特殊な用語・用法のリスト、(5) 重複用語のリストを掲載して、読者の便宜を図りました。この本一冊で、読者が英文契約書の特殊な読み方および書き方がひととおり理解できて、実践できるようになれば幸いです。

本書を利用されることで、本書がおもな対象とする中小企業の方々が、リターンも大きいがリスクも大きく厳しいグローバルな経済戦争の中で勝ち残っていただくことを、筆者として心から望むものです。

最後に、本書を企画された尾崎和泉氏、本書の原稿に目を通されて貴重なアドバイスをいただいた弁護士の仲谷栄一郎先生、そして原稿の入力、修正などをしていただいた三浦優子氏に、厚くお礼を申し上げます。

2003年1月

東京六本木法律事務所
弁護士　大塚一郎

よくわかる英文契約書
目　次

◆はじめに …3

PART 1 英文契約書の基礎

第1章：英文契約書の基礎知識

◎ 英文契約書の基本
- **1** 英文契約書の特徴 …10
- **2** 国内取引と国際取引の違い …12
- **3** 国際取引に特有な問題点 …14
- **4** 英米契約法の特徴 …16
- **5** 英文契約書の構成 …18
- **6** 英文契約書の各構成部分 …20
- **7** 契約の手順 …22

◎ 各種英文契約書とその概要
- **8** 国際売買契約 …24
- **9** 製造委託供給契約 …26
- **10** 代理店・販売店契約 …28
- **11** ライセンス契約 …30
- **12** 共同開発契約 …32
- **13** 企業買収契約 …34
- **14** 合弁契約 …36
- **15** 秘密保持契約 …38
- **16** オプション契約 …40

第2章：英文契約書の読み方

- 17　英文契約書を読む技術 …44
- 18　英文契約の構成を理解する …46
- 19　英文契約書の特殊な用語・用法の理解 …48
- 20　必要最小限の英米契約法の知識① …50
- 21　必要最小限の英米契約法の知識② …52
- 22　英文契約書の一般的な文の構造の理解 …54
- 23　英文契約書の一般条項 …56
- 24　英文契約書の用語の注意点① …58
- 25　英文契約書の用語の注意点② …60

第3章：英文契約書のチェックの仕方

- 26　取引条件のチェック …64
- 27　実行可能か …66
- 28　不平等でないか …68
- 29　事情変更の場合どうなるのか …70
- 30　紛争になった場合どうなる …72
- 31　一般条項のチェックポイント① …74
- 32　一般条項のチェックポイント② …76
- 33　一般条項のチェックポイント③ …78
- 34　一般条項のチェックポイント④ …80
- 35　一般条項のチェックポイント⑤ …82
- 36　一般条項のチェックポイント⑥ …84
- 37　一般条項のチェックポイント⑦ …86

第4章：英文契約書の書き方

- **38** 英文契約書作成のポイント① …90
- **39** 英文契約書作成のポイント② …92
- **40** 英文契約書作成のポイント③ …94
- **41** 英文契約書の作成の手順① ドラフトの作成 …96
- **42** 英文契約書の作成の手順② 契約書のチェック …98
- **43** その他の注意すべきポイント …100

PART 2 ケースで学ぶ英文契約書

- **1** レター・オブ・インテント …104
- **2** 秘密保持契約 …118
- **3** 国際売買契約 …130
- **4** 製造委託供給契約 …162
- **5** 販売店契約 …170
- **6** ライセンス契約 …182
- **7** 共同開発契約 …200
- **8** 企業買収契約 …212
- **9** 合弁契約 …236

［付録］

- ● 英文契約書の重要用語と用法 …260
- ● 重複用語のリスト …266
- ● 英文Index …268
- ● 和文Index …272

PART1
英文契約書の基礎

第1章

英文契約書の基礎知識

Part 1 英文契約書の基本

1 英文契約書の特徴

　英文契約書は、国際取引で使用される契約を英文で書いた契約書で、英米法およびその契約実務にもとづいた契約書フォームが使われています。英文契約書も国内の契約書も、同じ「契約書」であり、契約当事者の権利・義務を定め、将来の紛争を防ぐという契約の目的は同一です。ただし、英文契約書は、次のように国内の契約書と違う点が多くあります。

①国際取引と国内取引の違い
②日本法にもとづく契約書と英米法にもとづく契約書の違い

　英文契約書を理解するには、こうした点を十分に理解することが必要です。さらに、英文契約書でもっとも重要なのは、「契約書に書かれていることがすべてである」ということです。

◎── **国内契約書**

　国内の契約書では、「**当事者が協議する**」という**条項**が多くあります。しかし、契約書は当事者が合意した事項を当事者の行動の基準として規定するものですから、当事者が今後協議して定めるといった規定を契約書に入れても、実はまったく無意味です。にもかかわらず、日本では契約書が締結されても、何か問題が発生した場合、契約書に頼らず当事者間で話し合って解決することが暗黙の了解になっているので、このような条項が契約書に入れられているのです。

◎── **英文契約書**

　英文契約書では、**契約書に書かれていることがすべて**です。したがって、英文契約書では、問題が発生したときにどのように解決するかについて、詳細に定めるのが一般的です。たとえば、合弁契約では、合弁関係を解消する方法・手続についても、詳細に定めています。日本人にとっては抵抗がありますが、国際的な合弁契約では一般的です。

■ 英文契約書の特徴 ■

国内契約と同じ点

契約書の目的は当事者の権利・義務を定め、将来の紛争を防ぐこと

国内契約と違う点

1 人と人との信頼にもとづく取引ではなく、契約書中心の取引
2 英米法およびその契約実務にもとづいて発展してきた契約書の様式を使用

◎英文契約書の特徴

1 取引条件を網羅した詳細な内容になる

2 問題が発生したときに、どのように解決するかを定めた条項が必須になる

3 国内契約の「協議条項」はほとんどない

英文契約では契約書がすべて

2 国内取引と国際取引の違い

◎──**国内取引**

　国内取引は、人と人との信頼関係を中心とした取引です。そのため、国内取引では、従来人と人との信頼関係を中心とした継続的な取引が多く行われ、契約書さえ交わされないことも多くあります。

◎──**国際取引**

　これに対して、国際取引は、契約書中心の取引です。違った国、文化圏、法制度の企業間の取引ですから、必ずしも取引慣行は一致するとはかぎりません。また、とくに米国の企業は企業買収や企業再編によって、取引の相手方の企業自体が変わることも珍しくありません。

　むしろ、相手の考えていることが自分とは違い、取引慣行も大いに異なるということを前提にして、契約書の中にまわりくどいくらいに取引条件を詳細に書き込むことが重要とされています。それによって、おたがいの誤解や一方的な思い込みを防ぐことができ、無用な紛争を防ぐことができるからです。とりわけ、海外の企業と初めて取引するときは必須です。

　さらに、国際間の企業取引には、国際取引に特有の問題があり、それが英文契約書にも反映されています。たとえば、**①準拠法**、**②裁判管轄**、**③通知**、**④源泉徴収**の問題（詳細は次項参照）などです。

◎──**インコタームズ**

　また、国際的な物品の売買契約では、売主と買主は国を隔てて離れているのが一般的なので、運送、代金決済および保険などについて、国際的な売買取引条件が発達して、定型的な取引条件・使用語句が形成されてきました。インコタームズ（Incoterms：International Rules for the Interpretation of the Trade Terms）が、その典型例です。

■国内取引と国際取引■

国内取引

- 人と人との信頼関係を中心とした取引
- 長期的・継続的取引「貸し・借り」の関係
- 問題が発生すれば話し合いで解決

国際取引

- 契約書中心の取引
- 異なった国・文化圏・法制度の当事者による取引
- 問題が発生すれば契約書をもとに解決

◎国際取引特有の制度

1. 準拠法
2. 裁判管轄
3. 通知
4. 源泉徴収

貿易取引 → インコタームズ

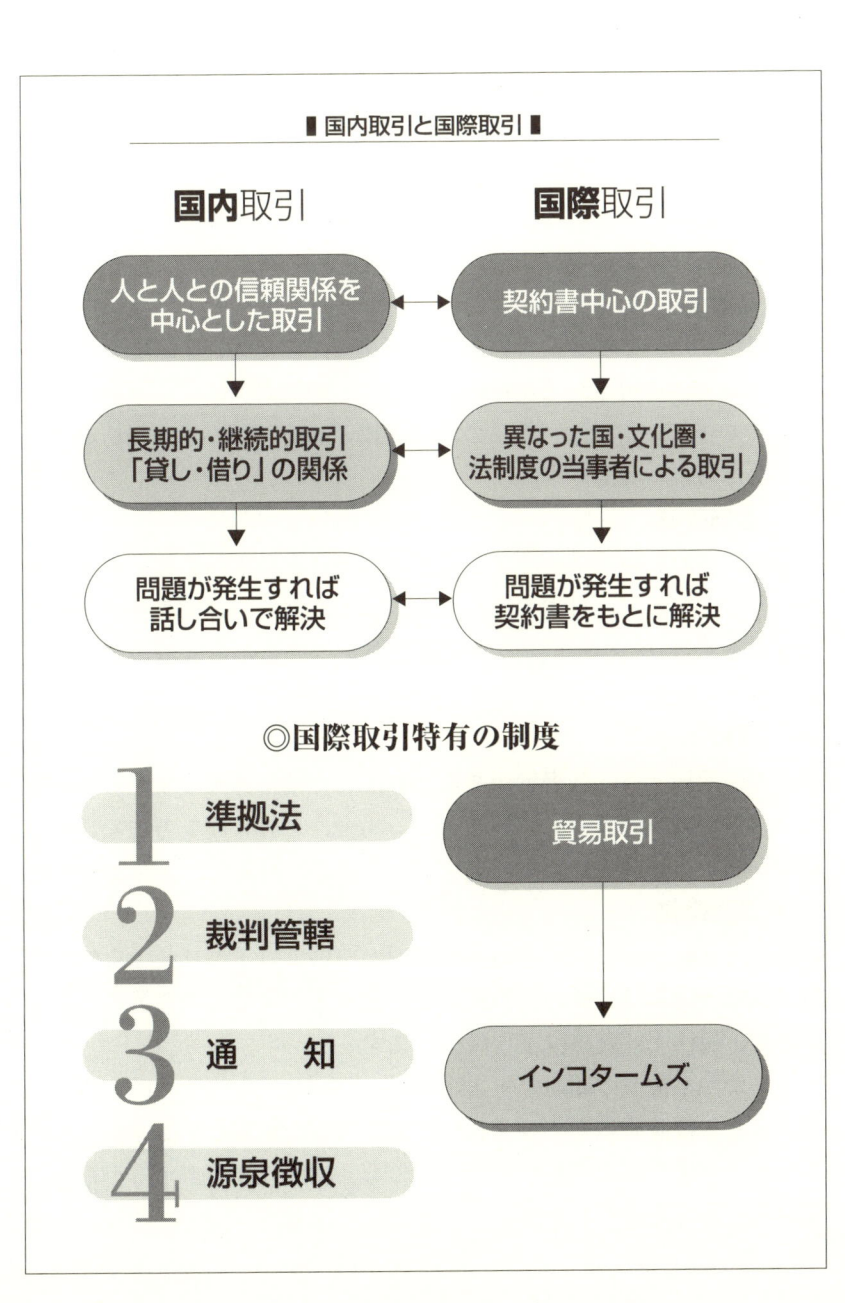

3 国際取引に特有な問題点

　前項であげた英文契約書に反映されている国際取引に特有の問題点は、具体的には次のようになります。

◎——**準拠法**

　準拠法とは、その契約書の条項の解釈または契約に定めていない事項について、適用される法律のことです。国際取引には、複数の国が関与してきますから、いずれの国の法律が適用されるか、契約書で定めておくのが一般的です。

◎——**裁判管轄**

　裁判管轄の問題とは、たとえば日本の会社と米国の会社との間の契約の争いにおいて、日本の裁判所と米国の裁判所のいずれかが（または双方とも）、その紛争について裁判をすることができるかということです。

◎——**通知**

　通知の問題とは、当事者がそれぞれ離れた地にありますから、一方の当事者が他方の当事者に通知をする場合、どのような方法で、いつ通知が相手方に到達したか、定めておく必要があるということです。

◎——**源泉徴収**

　たとえば、ライセンス契約などにもとづいてロイヤリティを外国企業に支払うときは、その支払額から一定額を控除して税務署に支払うことが、税法上、義務づけられています。

　これが源泉徴収の問題です。これにより、ライセンサーは、ロイヤリティから源泉徴収額（通常10％）を控除した金額しか受け取れないことになります。こうした点についても、誤解のないように契約書に規定しておく必要があります。

■ 国際取引に特有な問題点 ■

日本 A社 ⇔ **米国** B社

- 適用される法律は日本法か、米国法か → **準拠法の問題**
- 紛争になったときの裁判所は日本の裁判所か、米国の裁判所か → **裁判管轄の問題**
- A社とB社間の通知の方法と効力発生時期 → **通知の問題**
- A社がB社にロイヤリティなどを支払うとき、源泉徴収する必要があるか → **源泉徴収の問題**
- 統一化・成文化された貿易取引条件の適用 FOB／CIFなど → **インコタームズの適用**

インコタームズ（Incoterms）

今日の国際貿易取引においては、長年にわたる取引慣行からいろいろな定型の取引条件が形成され、その使用語句も定型化されてきました。しかし、国や人によりその解釈が異なり混乱が生じたので、定型的な取引条件の解釈を統一するために、国際商業会議所（ICC）が制定したのが、「International Rules for the Interpretation of Trade Terms (Incoterms)」です。「インコタームズ」と略称され、今日の国際貿易取引で広く使用されています。

4 英米契約法の特徴

英文契約書には、通常、英国（正確にはイングランド）の法律およびそれを承継した米国法（以下総称して、「英米法」という）ならびに、英米法の契約実務にもとづいた契約書フォームが使われています。

英米企業が関与しない国際取引でも、英文契約書が国際取引で使われる契約書フォームとしてもっとも発達しているため、英文契約書が使われます。たとえば、日本企業と仏、独などの欧州企業との契約でも、英文契約書が使われるのがほとんどです。

◎── **英米法契約実務の特徴**

英米法の契約実務では、普通の英文にない特殊な用語・用法が使われています。たとえば、助動詞のShallは、未来を表す助動詞ではなく、「～しなければならない」とする義務を表します。また、bona fide（誠実、誠意）などのラテン語もよく使われています。

英語には、1つの語がいろいろな意味を持っている単語がありますが、英文契約書でも、そうした多義的な単語が使われることがあります。たとえば、termは「条件」という意味に使われたり、「期間」という意味で使われたりします。

また、とくに英米の訴訟では、契約の文言をめぐってこじつけと思われるような主張がときどきなされることから、なるべく多義的な解釈による紛争を防止するため、長くまわりくどい表現・文章が使われることが多くあります。たとえば、売主の保証責任を排除するための条項がその典型です。このほか、同じ意味や類似した意味を持つ単語が重複して使われることも多くあります。

さらに、英米契約法の知識がなければ、よくわからない条項があります。約因理論、詐欺防止法、口頭証拠法則、捺印証書などがそれです（第2章20、21参照）。

▪英文契約法の特徴▪

◎英米契約法の影響

```
英米企業を中心とした国際取引の発達
          ↓
英米企業による英米国内で使われた
英文契約書の国際取引での利用
          ↓
英米法およびその契約実務をもとにした
英文契約書の国際取引での利用
          ↓
英米企業が関与しない国際取引での
英文契約書の利用
```

◎英米法契約実務の特徴

- 特殊な用語・用法
- 同義語・類似語の多用
- 長くまわりくどい表現・文章
- 英米契約法の特別な制度
  - ・約因理論
  - ・詐欺防止法
  - ・口頭証拠法則
  - ・捺印証書

5 英文契約書の構成

◎──伝統的な英文契約書の構成

伝統的な英文契約書の構成は、次のようになっています。

①表題、②前文、③本体部分、④契約書末尾、⑤別紙・付表

　ここで注意したいのが、契約書の表題の後にある最初の語This Agreementが主語であり、前文の途中にあるWITNESSETHが動詞で、WHEREAS以下で始まる文が目的語であり、末尾のIN WITNESS WHEREOF以下が別の一文となっていることです。

◎──新しい英文契約書の構成・書式

　一方、法律家以外の一般の人々にもっとわかりやすい言語を使った法律文書を作成しようとするPlain Englishの動きに沿って、英文契約書ももっと簡便な方式を使う動きが出てきました。WITNESSSETHという動詞を使わず、RECITALSという節を設けて、そこに説明部分を記載する以下のような書式です。

DISTRIBUTION AGREEMENT

This Distribution Agreement (this "Agreement") is made and entered into as of ＿＿＿＿＿＿, 2002 (the "Effective Date") by and between T&L, Inc., a Delaware corporation (the "Company"), with its principal place of business at 100 Atlas, Suite 300, San Francisco, CA 94000, U.S.A. and CD Corporation, a Japanese corporation, with its principal place of business at 2-19, Toranomon, Tokyo, Japan (the "Distributor").

RECITALS

The Company develops, manufactures and distributes communication equipment. The Distributor is experienced and engaged in the business of distributing communication equipment in Japan. The parties desire to set forth the terms and conditions under which the Distributor will acquire the Products from the Company, distribute to end users and sub-distribute to sub-distributors in the Territory as defined below.

■英文契約書の基本構成（伝統的な契約様式）■

① 表題　　SALES AGREEMENT

② 前文

THIS AGREEMENT, made and entered into as of this day of April 1, 2002, by and between America Manufacturing Inc., a corporation organized and existing under the laws of the State of Delaware with its principal place of business at 110, East John Street, Los Angeles, California, U.S.A. (hereinafter referred to as "Seller"), and Japan Sales Co., Ltd., a corporation organized and existing under the laws of Japan with its principal place of business at 3-22, Toranomon 2-chome, Minato-ku, Tokyo 105-0001, Japan (hereinafter referred to as "Purchaser"),
WITHNESSETH:
WHEREAS, Seller is engaged in, among other things, the business of marketing and distributing various kinds of electric and electronic equipment specified in Exhibit A attached hereto (hereinafter the "Products"); and
WHEREAS, Purchaser desires to purchase the Products from Seller; and
WHEREAS, Seller is willing to sell the Products to Purchaser upon the terms and subject to the conditions hereinafter set forth;
NOW, THEREFORE, for and in consideration of the premises and the mutual covenants and agreements herein contained the parties hereto agree as follows:

⋮

③ 本体部分

2. Purchase and Sale
2.1 Purchase and Sale
Upon the terms and subject to the conditions herein contained, Seller agrees to sell the Products to Purchaser and Purchaser agrees to purchase the Products from Seller.

⋮

12. Miscellaneous
12.7 The captions or headings of the articles or other subdivisions hereof are inserted only as a matter of convenience or for reference and shall have no effect on the meaning of the provisions hereof.

④ 契約書末尾

IN WITNESS WHEREOF, the parties have caused this Agreement to be executed under seal of the day and year first above written.

America Manufacturing Inc.
By:＿＿＿＿＿＿＿＿＿＿
　　Name:
　　Title:

Japan Sales Co., Ltd.
By:＿＿＿＿＿＿＿＿＿＿
　　Name:
　　Title:

6 英文契約書の各構成部分

◎――**表題**

契約書の最初には、契約書の題名（例：SALES AGREEMENT）がまず記載されます。

◎――**前文**

前文は、通常、①**頭書（Premises）**と②**説明条項（Whereas Clause）**からなっています。表題に続いて、頭書として当事者の名前、住所（通常、主たる事務所の住所）、法人の設立準拠法（当事者が法人として設立された国の法律によって設立された旨の文言）、および契約締結日が記載されるのが一般的です。当事者に続いて、"Whereas"（「～なので」という意味）という文言で始まる"Whereas Clause"がおかれ、当該契約の目的や契約にいたった事情が記載されます。

◎――**本体部分**

契約書の本体部分は、通常、①**定義条項**、②**本体条項（Substance Clause）**、③**一般条項**に分かれます。定義条項は、契約書の中で何回も使われる語句の意味を定義するために使われます。本体条項と一般条項は、ともに契約における当事者の権利・義務や当該契約で当事者が達成しようとしている取引の内容および手続などを定めた規定です。なお、一般条項は他の契約書でも共通に使われます。

◎――**契約書末尾**

末尾部分は、「上記を証して、両当事者が権限ある代表者をして冒頭の日に、本契約を締結し交付した」旨の記載がされます。

◎――**別紙・付表（Schedule、Exhibit、Appendix、Annex）**

契約の目的となる売買物やライセンス技術については、詳細を別紙に記載するのが一般的です。

▌英文契約書の構成▐

表題　SALES AGREEMENT

（①頭書）THIS AGREEMENT, made and entered into as of（契約日）this day of April 1, 2002, by and between（当事者）America manufacturing Inc.,（法人の設立準拠法）a corporation organized and existing under the laws of the State of Delaware with（住所）its principal place of business at 110, East John Street, Los Angeles, California, U.S.A. (hereinafter referred to as "Seller"), and Japan Sales Co., Ltd., a corporation organized and existing under the laws of Japan with its principal place of business at 3-22, Toranomon 2-chome, Minato-ku, Tokyo 105-0001, Japan (hereinafter referred to as "Purchaser"),
WITHNESSETH:（②説明条項）
WHEREAS, Seller is engaged in, among other things, the business of marketing and distributing various kinds of electric and electronic equipment specified in Exhibit A attached hereto (hereinafter the "Products"); and
WHEREAS, Purchaser desires to purchase the Products from Seller; and
WHEREAS, Seller is willing to sell the Products to Purchaser upon the terms and subject to the conditions hereinafter set forth;
NOW, THEREFORE, for and in consideration of the premises and the mutual covenants and agreements herein contained the parties hereto agree as follows:

1. Definition（①定義条項）
The following terms, whenever used in this Agreement, shall have the respective meanings set forth below:
1.1 "Products" shall mean the products specified in Exhibit A to this Agreement;
⋮

2. Purchase and Sale（②本体条項）
2.1 Purchase and Sale
Upon the terms and subject to the conditions herein contained, Seller agrees to sell the Products to Purchaser and Purchaser agrees to purchase the Products from Seller.
⋮

12. Miscellaneous（③一般条項）
12.7 The captions or headings of the articles or other subdivisions hereof are inserted only as a matter of convenience or for reference and shall have no effect on the meaning of the provisions hereof.

IN WITNESS WHEREOF, the parties have caused this Agreement to be executed under seal of the day and year first above written.

　　　　　　　　　America Manufacturing Inc.（社名）
　　　　　　　　　By:＿＿＿＿＿＿＿＿＿＿
　　　　　　　　　　Name:（署名者名）
　　　　　　　　　　Title:（その肩書）

　　　　　　　　　Japan Sales Co., Ltd.
　　　　　　　　　By:＿＿＿＿＿＿＿＿＿＿
　　　　　　　　　　Name:
　　　　　　　　　　Title:

7 契約の手順

◎──契約交渉から契約締結までの手順

英文契約書締結の手順は、国内の契約書締結の手順と変わりません（次ページ参照）。

ただし、国際契約では、本契約書以外に秘密保持契約書（Confidentiality Agreement）や予備的合意書（レター・オブ・インテント：Letter of Intent）、覚書き（Memorandum of understanding）などの予備的な合意書が事前に締結されることがあります。また、長い契約書交渉の場合、途中での合意事項を確認するために、交渉議事録を作成することが多くみられます。その場合、交渉の初めに一方の当事者が提案する条件を箇条書きにしたり、タームシート（term sheet）と呼ばれる主要条項案を交付したりすることもあります。

それら合意書は、レター形式の契約となるのが一般的です。この予備的合意書にもとづいて細かい条件を詰めて、本契約を締結します。

◎──契約締結権者の確認、契約書の署名

契約の締結にあたっては、契約締結権者の権限を確認する必要があります。ただし、日本のように代表取締役が会社を代表する権限をもっていると定めている国はほとんどありません。その確認は、取締役会議事録や会社の重要な書類の作成・保管、およびその認証を担当する秘書役（Secretary）の証明書で行うのが一般的です。

なお、英文契約書では、国内契約と異なり、後述する捺印証書の場合を除いて（第2章21参照）、署名だけされ、捺印されることはありません。

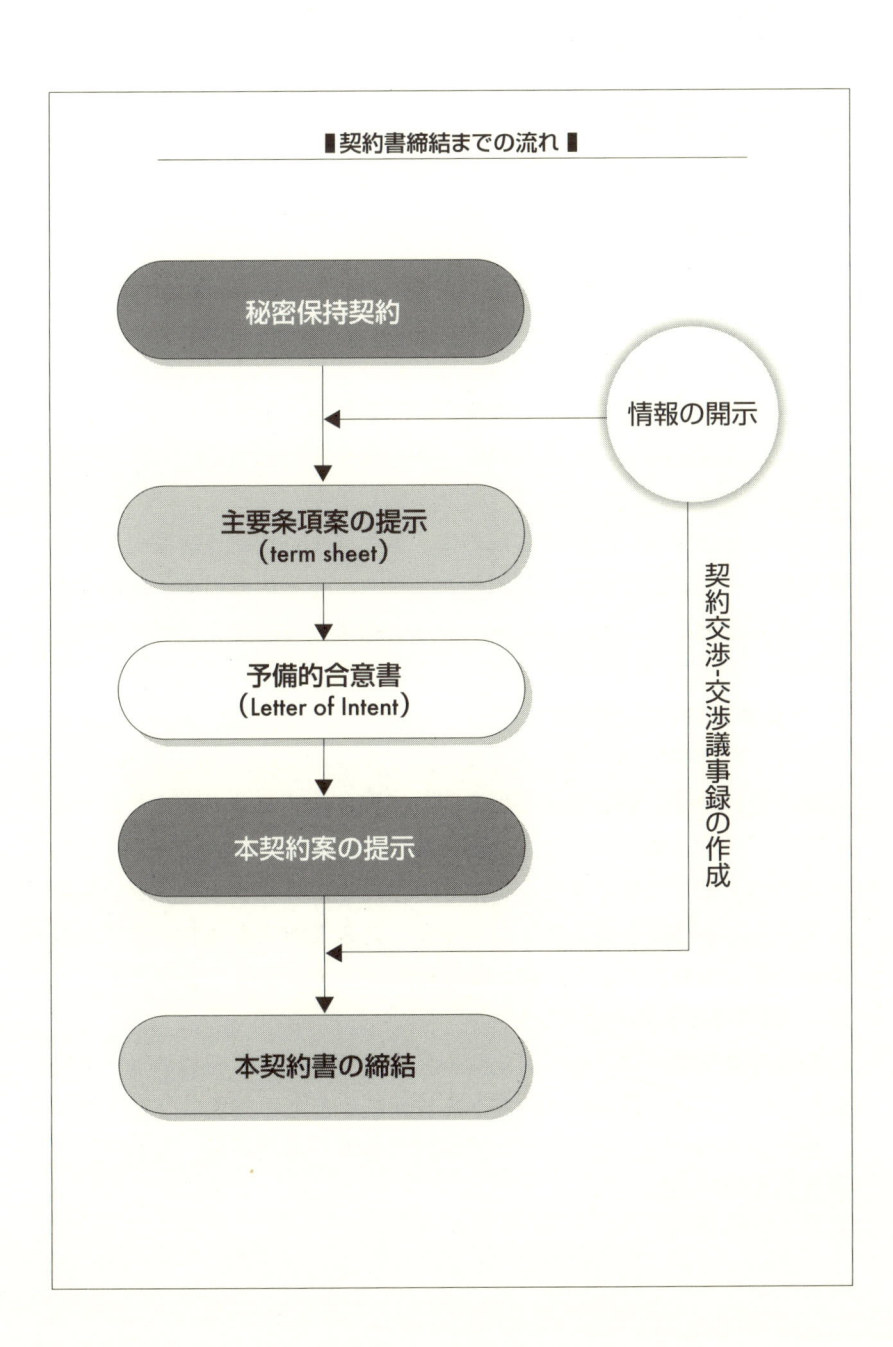

■契約書締結までの流れ■

```
┌─────────────┐
│  秘密保持契約  │ ←──────────┐
└─────────────┘             │
       ↓                  ○情報の開示
┌─────────────┐             │
│ 主要条項案の提示 │            │
│ (term sheet) │            │
└─────────────┘           契
       ↓                 約
┌─────────────┐          交
│  予備的合意書   │         渉
│(Letter of Intent)│      ・
└─────────────┘          交
       ↓                 渉
┌─────────────┐          議
│  本契約案の提示 │         事
└─────────────┘          録
       ↓ ←───────────────の
┌─────────────┐          作
│  本契約書の締結 │         成
└─────────────┘
```

各種英文契約書とその概要 8

国際売買契約
(Sales Agreement)

◎──国際売買契約とは

　国際売買契約は、異なった国の会社または個人の間の売買契約です。売主と買主は、国を隔てて離れていますから、売主の所在地から買主の所在地までの商品の海上運送または航空運送、および運送中の商品が壊れたりした場合の保全（保険）が問題となります。

　また、買主に対する代金の回収とその保全をどのように行うかも問題になります。

　このような問題に対処するために、さまざまな国際運送取引、保険契約取引や国際的な代金決済制度が発達し、定型の取引条件が形成され、その使用語句もインコタームズなどのように定型化されてきました。

◎──基本契約と個別契約

　国際売買契約には、繰り返し継続して行われる売買取引について、個々の売買の基本的な共通事項に関して取り決めた基本契約と個々の売買の個別的な取引条件を定める個別契約があります。

　ただし、売買の基本契約が締結されただけでは、個々の売買は成立しません。具体的な売買物について申し込みと承諾がされたり、個別契約が締結されたりして、個々の売買が成立することになります。

◎──国際売買契約のポイント

　国際売買契約では、売買対象物の特定、契約価格、契約数量、決済条件、引渡日、引渡条件、検査、品質保証が主たる条項になります。

　また、長期の売買契約では、不可抗力条項や事情変更の条項をおく必要があります。

■ 国際売買契約のしくみ ■

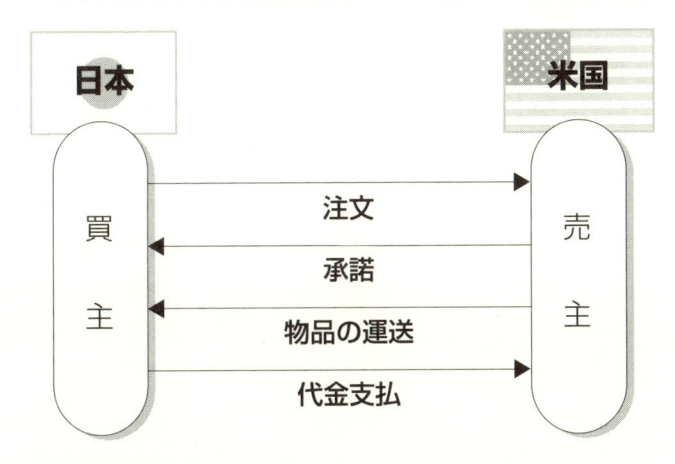

```
[日本]                          [米国]
 ┌──┐      注文        ┌──┐
 │買│ ───────────→  │売│
 │  │      承諾        │  │
 │  │ ←───────────  │  │
 │主│     物品の運送    │主│
 │  │ ←───────────  │  │
 │  │      代金支払     │  │
 └──┘ ───────────→  └──┘
```

◎国際売買契約の主たるチェックポイント

1 注文と承諾
2 売買価格の決定
3 支払方法・支払の確保
4 納入（引渡）方法
5 所有権・危険負担の移転の時期
6 保証の範囲
7 検査の方法・期間
8 契約の解除（解約）

国際売買契約での注意点

　国際売買契約では、売主の場合は、売買代金の支払いをどう確保するかが一番の問題です。国際取引では、銀行が代金支払を保証するL/C（信用状）制度や買主の手形の支払い、または引き受けを品物の船積書類の引き渡しの条件とするD/P（Document against payment）・D/A（Document against acceptance）決済条件が使われます。

　また、売主にとっては、品物の品質保証をどの範囲までするのか、その保証の制限をどのように課すかが重要となります。買主の場合は、品物の品質・数量などが当方の注文どおりかを確認する検査条項が重要です。

第1章 ◎ 英文契約書の基礎知識

9 製造委託供給契約
(Manufacturing & Supply Agreement)

◎──製造委託供給契約とは

　製造委託供給契約は、メーカーなど（委託先）が委託者から特定の商品の製造・供給を委託されて商品を製造し、委託者に供給することを約束する契約で、国際売買契約の一種です。

　この契約では、特定の商品を特定の仕様書または明細書などにしたがって製造し、供給することを約束する場合や、委託先の独自の仕様を使うこともあります。そのため、仕様書の知的所有権（ノウハウなど）や秘密保持、契約終了後の取り扱いなどについて、明確に定めておく必要があります。また、委託者が商品を自分だけに独占的に供給することを要求する場合があります。その場合は、委託先は委託者に対して、商品の最低購入数量を要求する必要があります。

◎──委託者のポイント

　製造委託供給契約では、委託者は、委託先の供給した製品の品質の保証や納期の遵守確保が重要です。また、委託先に提供した委託者のノウハウや秘密情報が当該契約目的以外に使用されたり、第三者に漏洩されたりしないようにすることが大切です。

◎──委託先のポイント

　一方、委託先の場合は、発注された時期や発注量が事前に十分にわかるようにし、発注を受けても、納入までの期間が短かかったり、製造能力を超える量の注文のために納入が困難になるようなことがないようにすべきです。

　また、継続的発注がされるようなしくみ（最低発注量の定めや、一定期間は第三者に発注しない約束など）を契約書の中に入れておくべきです。そうでなければ、設備投資をして発注に備えたにもかかわらず、発注が十分なされなくて損失を被ることになります。

■製造委託供給契約のしくみ■

```
                    製造委託・注文
                    ライセンス供与
    ┌─────────┐  ─────────→  ┌─────────┐
    │  委託者  │               │  委託先  │
    └─────────┘  ←─────────  └─────────┘
                      製品供給
```

◎製造委託供給契約の主たるチェックポイント

1 委託製品の特定・仕様・明細

2 独占供給義務・独占購入義務

3 最低数量購入義務

4 発注見込の通知

5 委託製品の品質保証

6 技術ノウハウの供与・ライセンス

7 秘密保持義務

8 契約終了後の処理

10 代理店・販売店契約
(Agency Agreement／Distributorship Agreement)

◎──**代理店・販売店契約とは**

　メーカーなどが、外国で第三者を通じて、継続して自社製品を販売する方法としては、代理店方式と販売店方式があります。

　代理店方式は、代理店がメーカーの代理人または媒介者として、メーカーの計算とリスクで製品を販売する方法です。

　買主との契約は、販売店方式では販売店と買主の間でされますが、代理店方式はメーカーと買主との間で契約が結ばれます。

　販売店方式は、メーカーが販売店に自社製品を販売し、販売店が自己の計算とリスクで商品を販売する方法です。したがって、販売店はその売買により利益を得ますが、代理店はその契約から利益を得ることはなく、別途、メーカーから手数料を得ることで、その仕事の対価を得ます。

　代理店契約と販売店契約は、それぞれAgency Agreement、Distributorship Agreementと呼ばれるのが一般的です。

◎──**代理店契約・販売店契約のポイント**

　代理店・販売店契約の場合、注意すべき点は多くあります。とくに問題となるのは、販売店がどこまで商品の購入義務を負うかという最低数量購入義務と契約期間（契約更新）です。また、よく見落とされるのは、契約終了後の在庫の取り扱いと販売店などによるメーカー（売主）の商標の登録の問題です。

　さらに、メーカー（売主）の場合は、契約終了後、販売店などにいっさい補償しないことを、契約で明確にしておくべきです。

　なお、独占禁止法上の問題にも注意すべきです。独占禁止法に関しては、公正取引委員会の「流通・取引慣行に関する独占禁止法上の指針」を参照してください。

■代理店・販売店契約のしくみ■

◎代理店契約

売主 ―売買契約→ 顧客
売主 ―手数料→ 代理店
代理店 ―代理行為→ 顧客

◎販売店契約

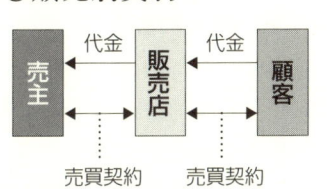

売主 ←代金― 販売店 ←代金― 顧客
売主 …売買契約… 販売店 …売買契約… 顧客

◎独占的契約

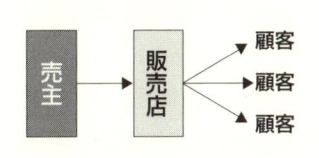

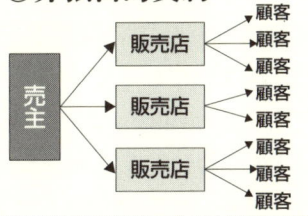

売主 → 販売店 → 顧客／顧客／顧客

◎非独占的契約

売主 → 販売店 → 顧客／顧客／顧客
売主 → 販売店 → 顧客／顧客／顧客
売主 → 販売店 → 顧客／顧客／顧客

独占的か・非独占的か

　販売店契約も代理店契約も、いずれもその販売店または代理店が、その販売地域で、独占的にその商品を取り扱えるのかどうか（他の販売店または代理店がその地域で指名されないかどうか）によって、独占的販売店契約（独占的代理店契約）と非独占的販売店契約（非独占的代理店契約）に分かれます（Exclusive Distributorship AgreementとNon-Exclusive Distributorship Agreement）。

◎代理店・販売店契約の主たるチェックポイント

1. 対象商品などの特定
2. 売買条件
3. 最低数量購入義務
4. 契約期間・契約更新
5. 契約終了時の在庫の取り扱い
6. 商標の使用・登録
7. 契約終了時の補償
8. 独占禁止法のチェック
　公正取引委員会の「流通・取引慣行に関する独占禁止法上の指針」

第1章◎英文契約書の基礎知識

11 ライセンス契約
(License Agreement)

◎── ライセンス契約とは

　特許、ノウハウ、商標、著作権（音楽、文学、コンピュータソフトウェアなど）の知的財産権を有している者が、第三者が一定の対価を支払うことを条件に、その知的財産権または対象となっている技術、ノウハウ、商標、ソフトウェアなどを使用または利用することを許諾する場合の契約がライセンス契約です。

　知的財産権を有している者がライセンサー（Licensor）、その使用・利用を許されている者がライセンシー（Licensee）、その対価がロイヤリティ（Royalty）または実施料と、それぞれ呼ばれています。

　ライセンス契約は、ライセンシーがその知的財産権をその使用地域で独占的に使用できる独占的ライセンス契約と、ほかの者も同様に使用できることになる非独占的ライセンス契約に分かれます。

◎── ライセンス契約のポイント

　ライセンス契約では、ライセンスの対象となる技術、ノウハウ、商標、ソフトウェアなどの範囲を、契約上、明確にしておかなければなりません。また、最低ロイヤリティの定めやロイヤリティの計算方法が十分定義されているかについて、十分注意すべきです。さらに、前述した源泉徴収税についても明確に規定すべきです（第1章3参照）。

◎── 独占禁止法の問題

　ライセンス契約では、その知的財産権の独占性ゆえに、独占禁止法に違反していないかどうかが問題になります。ライセンス技術をライセンシーがさらに改良した場合、その改良した技術について、ライセンサーにその権利を譲渡したり、独占的権利を付与したりすることをライセンシーに義務づけた場合、独占禁止法の問題が生じるので注意が必要です。

■ ライセンス契約のしくみ ■

ライセンサーの特許の技術・商標・ノウハウ・著作権（ソフトウェアなど）などの知的財産権の使用または利用の許諾（ライセンス）

ライセンサー ⇄ ライセンシー
使用・利用の許諾
ロイヤリティの支払い

Exclusive License Agreement
独占的ライセンス契約　一定の地域（ライセンス地域）で、ライセンシーのみしかその知的財産権を使用・利用できない。

非独占的ライセンス契約　ライセンス地域で、ライセンシー以外の者もその知的財産権を使用・利用できる。
Non-Exclusive License Agreement

◎ライセンス契約の主たるチェックポイント

1. ライセンス対象物の特定・ライセンスの内容
2. ロイヤリティの計算方法
3. 最低ロイヤリティ支払義務の有無
4. ロイヤリティの支払方法ー源泉徴収義務
5. 改良技術の取り扱い
6. 第三者の権利侵害クレームへの対処
7. 秘密保持義務
8. 独占禁止法のチェック　公正取引委員会の「特許・ノウハウライセンス契約に関する独占禁止法上の指針」

12 共同開発契約
(Joint Development Agreement)

◎——共同開発契約とは

両当事者が、おたがいに有している技術やノウハウを持ち寄って、ある技術なり商品を共同して開発する場合に締結するのが、共同開発契約です。一方の当事者が、技術・ノウハウを提供することなく、資金のみを提供して、ほかの当事者がある技術を開発する場合に締結する契約も、共同開発契約と呼ばれることがあります。とくに、非営利法人である海外の大学や研究機関との共同研究の場合がそうです。

一方の当事者の技術・ノウハウを他方の当事者が利用・使用する点や、共同開発した技術・ノウハウに関する権利の利用について当事者が取り決めをする点からみると、一種のライセンス契約ともいえます。

◎——共同開発契約のポイント

共同開発契約では、共同開発の手順、当事者の役割分担、共同開発の成果物の評価、および成果物の帰属、使用について契約上明確に定めておくべきです。

また、成果物を利用して、一方の当事者が他方の当事者に製品を供給することが予定されている場合は、その取引条件も事前にできるかぎり決めておくことが望ましいといえます。とくに、成果物を当事者の共有とした場合、その成果物を第三者にライセンスできるかどうか、その際、相手方にそのロイヤリティを受け取る権利があるかどうかについても、明確にしておく必要があります。

さらに、契約中、一方の当事者が相手方当事者に提供したノウハウや、秘密情報の契約終了後の取り扱いについても注意を要します。とくに、将来、当事者の事業が競合するおそれがある場合がそうです。

共同開発契約でも、独占禁止法の問題があるので注意が必要となります。

■共同開発契約のしくみ■

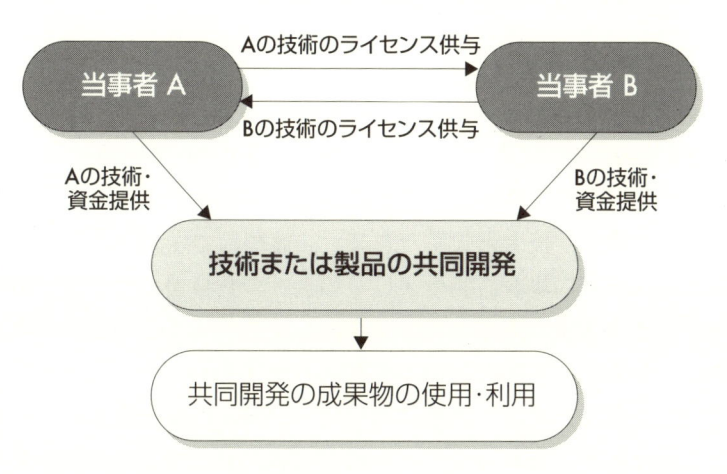

```
           Aの技術のライセンス供与
  当事者 A  ───────────────→  当事者 B
           ←───────────────
           Bの技術のライセンス供与

  Aの技術・                        Bの技術・
  資金提供                          資金提供
       ↓                              ↓
        技術または製品の共同開発
                  ↓
         共同開発の成果物の使用・利用
```

◎共同開発契約の主たるチェックポイント

1 共同開発の対象物の特定
2 共同開発の手順
3 当事者の役割分担
4 当事者の費用分担
5 秘密保持義務
6 共同開発の成果物の評価・成果物にもとづく製品の供給条件など
7 成果物の帰属
8 成果物の利用方法・収益分配
9 独占禁止法のチェック　　公正取引委員会の「共同研究開発に関する独占禁止法の指針」

13

企業買収契約
(Merger & Acquisition Agreement)

◎──企業買収契約とは

　企業買収契約とは、一般的にM&A契約（Merger & Acquisition Agreement）と呼ばれているものです。相手が所有している会社の株式、またはその営業・資産を取得するための契約です。前者は株式譲渡契約であり、後者は営業（資産）譲渡契約です。

　株式譲渡契約の場合、譲受人はその会社の負債をそのまま承継しますが、営業（資産）譲渡契約の場合は、原則としてその会社の負債を承継しないので、譲受人にとって有利となります。

　ただし、営業（資産）譲渡契約では、資産の内容を具体的に特定しなければならず、移転のために不動産の移転登記などの移転手続や費用が必要となります。また、従業員とも別個に雇用契約を締結しなければなりません。なお、企業買収契約では、売買を実行すること（株券の引き渡し、代金の支払いなどをすること）を、クロージング（closing）と呼んでいます。

◎──企業買収契約のポイント

　企業買収契約では、買主の場合、売主にその対象企業について、どのように情報を開示させるのか、また企業内容（その財務書類の正確性や第三者との紛争がないことなど）について、どこまで保証させるのかがポイントとなります。

　逆に、売主の場合は、その保証の範囲および責任をどのように制限するのかがポイントとなります。また、買収が完了後、買収企業に売主の保証義務違反となる事由が発覚した場合、買主にどのような救済手段があるのかも、チェックしておくべきです。なお、一定規模以上の企業買収では、独占禁止法が問題になり、各国（とくに米国・EU）で、事前届出・審査が義務づけられていることがあります。

■企業買収契約のしくみ■

◎株式売買契約

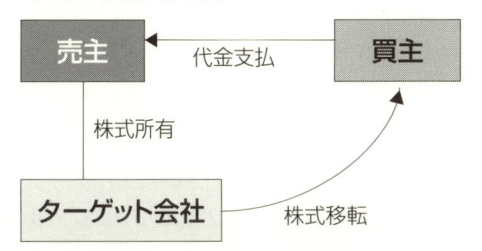

売主 ←―代金支払―― 買主

売主 ――株式所有――→ ターゲット会社 ――株式移転――→ 買主

◎営業(資産)売買契約

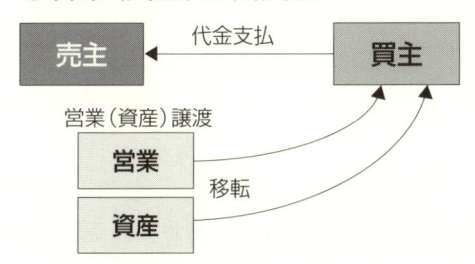

売主 ←―代金支払―― 買主

売主 ――営業(資産)譲渡――→ 営業／資産 ――移転――→ 買主

◎企業買収契約の主たるチェックポイント

1 対象物の特定(株式、営業または資産)
2 売買価格の定め方。契約日から実行日までの純資産価格の変動にともなう調整
3 売主の(重要事実の)表明・保証
4 対象物の移転の方法・手続
5 売主の責任の範囲・制限
6 独占禁止法のチェック

14 合弁契約
(Joint Venture Agreement)

◎──合弁契約とは

2つ以上の企業が、共同して事業を行う場合に結ぶ契約です。共同して会社を設立するほか、一方の当事者の完全子会社の株式をほかの当事者に譲渡して、その会社（合弁会社）を通じて事業を行ったりする場合や、組合やパートナーシップなどの会社以外の形態で共同して事業を行う場合があります。前者の場合、その会社の定款の内容や経営について、詳しく定めるのが普通です。合弁会社を通じて共同事業を行う場合は、その会社も合弁契約の当事者となるのが一般的です。

◎──合弁契約のポイント

合弁契約では、合弁会社の重要事項をどのように決定するかについて定めているのが一般的です。たとえば、一定の事項については、各当事者がそれぞれ選任した取締役の全員一致、あるいは四分の三の賛成を要求するなどです。その際、何が重要事項か、契約上、明確にしておくべきです。重要事項について、当事者の意見が対立したときに、どのように解決するのかについても定める必要があります。

合弁会社を運営していく中では、資金調達が必要になることが多々ありますが、当事者がどのように資金提供するのか、あるいはしないのか、契約で定めておくのが望ましいといえます。さらに、合弁契約を解消する方法も、契約書に具体的に規定しておくべきです。

また、一方の当事者が、相手方当事者からその当事者が保有する合弁会社の株式を買い取って合弁契約を解消するとした場合、その株式の買取価格の算定方法を明確に定めておくべきです。相手方当事者の親会社または主要株主が変更した場合、合弁契約関係の維持が困難になることが予想されるときには、そうした変更を契約の解約事由の1つにする必要があります。

■ 合弁契約のしくみ ■

◎合弁会社を新設する場合

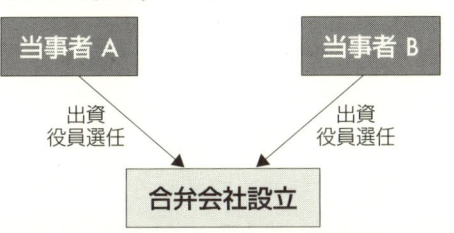

当事者A ── 出資・役員選任 ──┐
当事者B ── 出資・役員選任 ──┤
　　　　　　　　　　　　　　　↓
　　　　　　　　　合弁会社設立

◎一方の当事者の子会社の株式を他方が取得する場合

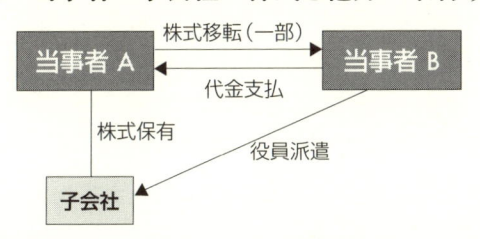

当事者A ──株式移転（一部）→ 当事者B
当事者A ←──代金支払────── 当事者B
当事者A ──株式保有──→ 子会社
当事者B ──役員派遣──→ 子会社

◎合弁契約の主たるチェックポイント

1. 合弁会社の設立（社名、資本金、定款などの決定または株式移転）
2. 合弁会社の役員の構成
3. 合弁会社の経営方針の決定方法
4. 当事者の同意を要する合弁会社の重要事項の内容
5. 資金調達の方法
6. 合弁会社の株式の相手方当事者の優先先買権
7. 合弁契約の解消方法
8. 合弁契約終了にともなう関連契約の処理

15

秘密保持契約
(Confidentiality Agreement)

◎──秘密保持契約とは

ある取引を行うにあたって、相手方からある情報を開示してもらってそれを評価し、取引を行うかどうかを決める場合があります。

たとえば、ノウハウのライセンス契約を締結するにあたって、事前にそのノウハウを評価し、契約を締結するだけの価値があるかどうかを検討し、そのロイヤリティはどのくらいが妥当なのかを検討する場合などです。

また、企業買収契約にあたっても、その企業の一定の情報を開示してもらい、そのうえで企業買収契約について交渉するかどうかを決めるのが一般的です。

このような場合、それらの情報の秘密を維持するために、相手方との間で秘密保持契約が締結されることになります。

◎──秘密保持契約のポイント

秘密保持契約では、一般条項の秘密保持条項と同様に、何を秘密情報とするかという「秘密情報」の特定および例外、秘密保持義務はいつまで負わなければならないかという秘密保持義務の期間などが問題になります（第3章32参照）。

にもかかわらず、多くの秘密保持契約で秘密保持義務の期間の定めがない例がみられます。これでは、いつまでたっても秘密保持義務を負わざるをえないので、秘密保持義務の期間をあらかじめ定めておくのが望ましいといえます。

■秘密保持契約のしくみ■

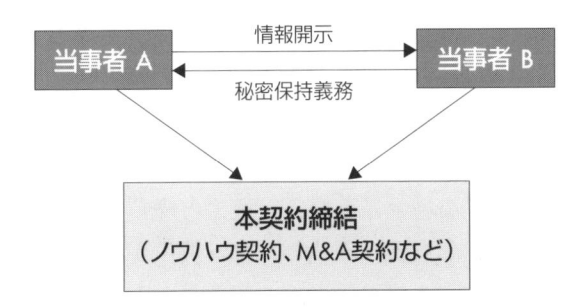

```
                    情報開示
   ┌─────┐ ←──────→ ┌─────┐
   │当事者A│                │当事者B│
   └─────┘   秘密保持義務   └─────┘
         ↘                    ↙
            ┌──────────────┐
            │   本契約締結   │
            │(ノウハウ契約、M&A契約など)│
            └──────────────┘
```

◎秘密保持契約の主たるチェックポイント

1 秘密情報の特定

2 秘密保持義務の例外となる情報の特定

3 秘密保持義務の期間

16 オプション契約
(Option Agreement)

◎——オプション契約とは

　ある技術やノウハウを取得するにあたり、売買契約などを締結して代金を支払うまでにはいたらなくても、なんらかの契約を結んでおかないと、売買契約などを締結する前に、第三者がその技術・ノウハウを取得するおそれがある場合があります。

　そこで、このような場合にそなえ、売主と売買予約契約を結び、売主側に売買代金の一部を支払う代わりに、買主がその売買を成立させるかどうかの選択権（オプション）を得ることがあります。こうした場合に締結されるのが、オプション契約（Option Agreement）です。

　オプション契約は、売買契約以外でも使われます。たとえば、独占的ライセンス契約を締結するときは、ライセンスの対象となる技術を評価するため、契約を締結する前に十分な時間をかけて検討する必要がありますが、その際、第三者が相手方といち早く独占的ライセンス契約を締結するおそれがある場合などです。

◎——オプション契約のポイント

　オプション契約では、オプションの行使で成立する取引の内容、オプションの行使期間、オプションを行使した場合またはオプションを行使しなかったときの前払金（オプション料）の処理について、明確にしておく必要があります。通常、買主が選択権を行使して売買を成立させた場合、支払った代金の一部は売買代金に充当されますが、選択権を行使しなかった場合は、支払った代金の一部は売主がそのまま取得して、買主はその返還を請求できません。

　また、外国企業にライセンス契約に関してオプション料を支払う場合、オプション料の支払いはロイヤリティの支払いと同様に扱われ、源泉徴収が必要になる場合があるので、注意が必要です。

■オプション契約のしくみ■

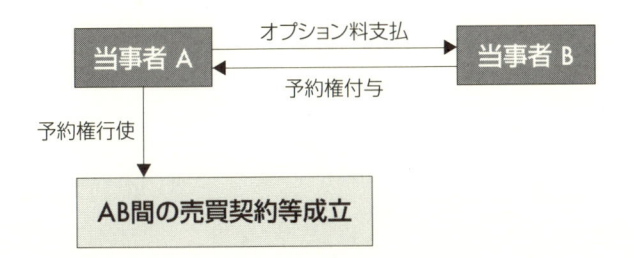

```
                オプション料支払
   当事者A  ←──────────────  当事者B
           ──────────────→
                 予約権付与
      │
      │ 予約権行使
      ↓
   AB間の売買契約等成立
```

◎オプション契約の主たるチェックポイント

1 オプションの行使で成立する取引の内容

2 オプション料の金額・支払方法

3 オプションの行使期間

4 オプションを行使したとき（行使しなかったとき）のオプション料の処理

PART1
英文契約書の基礎

第2章
英文契約書の読み方

17 英文契約書を読む技術

　英文契約書は、英語ができる人でも、難しいといわれることがあります。それには、英文契約書は通常の英文とは異なり、英文契約書特有の用語や用法が使われているので、これに慣れていないために契約書の内容がよく理解できないということがあります。

　また、英米契約法にもとづく特別な制度や法理論の知識が英文契約書を理解するうえで必要となるので、これらをよく理解しておかなければ、内容がわかりづらいということがあります（第1章4参照）。

　こうしたことから、国内の契約書と同様、契約書自体に対するとっつきにくさがあるのでしょう。ただし、英文契約書の特徴さえつかめば、英文契約書を読むこと自体はそれほど難しいことではありません。むしろ、英文の文学作品を読み解くより、はるかに容易だといえます。

　著者を含めて、英文契約書を日常的に扱っている渉外弁護士でも、大学時代はあまり英語ができなかったという人が少なくありません。要するに、経験と慣れによって、英文契約書は簡単に読めるということを理解することです。とはいえ、英文契約書を読むにあたっては、いくつかのコツがあります。そのため、そのコツをつかめば、英文契約書を容易に、しかも速く読むことができるようになります。

◎── **5つのマスターすべきポイント**

　英文契約書を読むときは、次の5つの点をマスターするとよいと思います。

①**英文契約書の構成を理解する。**
②**特殊な用語・用法を覚える。**
③**必要最小限の英米法の知識を身につける。**
④**英文契約書の一般的な文の構造を理解する。**
⑤**英文契約書の一般条項を理解する。**

■英文契約書を読むために必要な5つの要素■

1 英文契約書の構成の理解
- 説明条項
- 定義条項
- 本体条項
- 一般条項

2 特殊な用語・用法
- 古い英語やラテン語
- 日常と違った意味で使われる語句
- 多義的な語
- 同義語や類義語の多用

3 必要最低限の英米法の知識
- 約因
- 詐欺防止法
- 口頭証拠法則
- 捺印証書

4 英文契約書の一般的な文の構造の理解
- 文の骨組みの把握

5 英文契約書の一般条項の理解
- 定型的決まり文句

18 英文契約の構成を理解する

◎――定型的構成の理解

「英文契約書の各構成部分」（第1章6参照）で説明したように、英文契約書には定型的な構成があります。そのしくみを理解することで、英文契約書の構成がわかるようになり、またその内容を大まかにつかむことができるようになります。

その中でも、とくに注意すべき部分は次のとおりです。

◎――説明条項

まず、前文の"Whereas"または"Recitals"で始まる説明条項を読むことで、この契約書がどういう経緯で、なんの目的で締結されたかを知ることができます。

◎――定義条項

次に、定義条項を読んで、その契約書の中で使われている重要な語句の意味をつかみます。

◎――本体条項

本体部分の条項では、その契約書の中心である当事者の権利・義務の主たる内容を理解します。本体部分の条項を読むときは、条項の見出しを見て、その条項にはどのようなことが書かれているかを推測して読むと、理解が進みます。たとえば、売買契約書で、売主の「保証」という見出しがついている条項があるときは、買主として、売主がどこまで保証しているのか、注意して読むようにしましょう。

◎――一般条項

最後に、一般条項については類似の内容の条項が多く使われますから、いったんその内容を理解しておけば、次回から簡単にさっと読めるようになります。

■英文契約書の構成の把握■

表題　SALES AGREEMENT

（頭書）THIS AGREEMENT, made and entered into as of（契約日）this day of April 1, 2002, by and between（当事者）America Manufacturing Inc.,（法人の設立準拠法）a corporation organized and existing under the laws of the State of Delaware with（住所）its principal place of business at 110, East John Street, Los Angeles, California, U.S.A. (hereinafter referred to as "Seller"), and Japan Sales Co., Ltd., a corporation organized and existing under the laws of Japan with its principal place of business at 3-22, Toranomon 2-chome, Minato-ku, Tokyo 105-0001, Japan (hereinafter referred to as "Purchaser"),

WITHNESSETH:（説明条項）➡ 契約書の目的・背景を知る
WHEREAS, Seller is engaged in, among other things, the business of marketing and distributing various kinds of electric and electronic equipment specified in Exhibit A attached hereto (hereinafter the "Products"); and
WHEREAS, Purchaser desires to purchase the Products from Seller; and
WHEREAS, Seller is willing to sell the Products to Purchaser upon the terms and subject to the conditions hereinafter set forth;
NOW, THEREFORE, for and in consideration of the premises and the mutual covenants and agreements herein contained the parties hereto agree as follows:

1. Definition （定義条項）➡ どのような語句が使われるか知る
The following terms, whenever used in this Agreement, shall have the respective meanings set forth below:
1.1 "Products" shall mean the products specified in Exhibit A to this Agreement;
　└ 定義される語
　　　　　　　⋮

2. Purchase and Sale （本体条項）➡ 契約の中心（ていねいにじっくり読む）
1.1 Purchase and Sale ➡ 見出しで内容をおおざっぱにつかむ
Upon the terms and subject to the conditions herein contained, Seller agrees to sell the Products to Purchaser and Purchaser agrees to purchase the Products from Seller.
　　　　　　　⋮

12. Miscellaneous （一般条項）➡ 一度内容を十分に理解して、次回からはチェックすべき点を除いて、さっと読む（定例的内容）
12.7 Heding （見出しの効力）The captions or headings of the articles or other subdivisions hereof are inserted only as a matter of convenience or reference and shall have no effect on the meaning of the provisions hereof.

IN WITNESS WHEREOF, the parties have caused this Agreement to be executed under seal of the day and year first above written.

America Manufacturing Inc.（社名）
By: ＿＿＿＿＿＿＿＿＿
　Name:（署名者名）
　Title:（その肩書）

Japan Sales Co., Ltd.
By: ＿＿＿＿＿＿＿＿＿
　Name:
　Title:

（前文／本体部分／契約書末尾）

第2章◯英文契約書の読み方

19 英文契約書の特殊な用語・用法の理解

　英文契約書が難しいと感じられるのは、おもに次のような英文契約書特有の用語や用法があるからです。

①日常的には使われない古い英語やラテン語が使われる

　"witnesseth"（～を証する）、"whereas"（～なので）などの古い英語や"bona fide"（善意の、誠実な）、"pro rata"（比例して）などのラテン語がよく使われます。

②日常的に使われるのとは違った意味で使われる語句がある

　助動詞の"shall" "will"（ともに「～しなければならない」という義務を表す）、"may"（「～することができる」という権利を表す）や"provided that"（that以下の文が、本文の但書の意味を表す）などが使われます。

③1つの語句が多義的な意味で使われることがある

　たとえば、"term"という語句は、「契約期間」という意味と「契約条件」という2つの意味で使われます。また、"premises"は「家屋敷」、「頭書」あるいは「本証書」の3つの違った意味で使われます。

④歴史的事情や同義語を用心のために全部記載するという理由から、同義語や類義語が重複して使用されることがある

　たとえば、"cost and expenses"や"each and all"などです。これらの用法で使われているときは、最初の語句のみ理解して、後は読み飛ばしてもかまいません。ただし、日本語では同じ意味であっても、英米法上では意味が違う語句があるので、契約書作成にあたっては、同義語といえども削除しないほうがよい場合もあります。たとえば、"due"と"payable"は類義語ですが、"due"は「支払期限が到来した」で、"payable"は「支払義務はあるが、まだ期限が到来していない」という意味で使われることがあります。

■英文契約書の特殊な用語・用法■

日常的に使われない古い英語・ラテン語
"witnesseth" "whereas"
"bona fide" "pro rata"

日常的に使われる意味とは違った意味で使われている語句
"shall" "will"
"may" "provided that"

→ **付録** 英文契約書の特殊な用語・用法リスト参照

多義的な意味で使われる語句
"term" "premises"

同義語・類義語の重複的使用
"cost and expense" "each and all"

→ **付録** 重複用語リスト参照

辞書の利用

英文契約書に慣れないうちは、こまめに辞書を引いて、これらの用語・用法を覚えるしかありません。法律用語専門の辞書としては、日本語では「英米法辞典」田中英夫編(東京大学出版会)、「英米商事法辞典」鴻常夫編(商事法務研究会)、「英和・和英ビジネス法律用語辞典」喜多了祐編著(中央経済社)、「ローダス21法律英語辞典」長谷川俊明著(東京布井出版)、英語では「Black's Law Dictionary」(West)などがあります。

第2章◎英文契約書の読み方

20 必要最小限の英米契約法の知識①

　英文契約書には、英米契約法の特別な制度や法理論を前提とした特殊な用語・用法などが使われることがあります。たとえば、約因、詐欺防止法、口頭証拠法側、捺印証書などがそれです。

◎——約因（Consideration）

　英文契約書の説明条項の最後には、"NOW, THEREFORE, in consideration of the mutual covenants hereinafter set forth, the parties hereto agree as follows"（日本語訳：よって、本契約で定める相互の約束を約因として、本契約の当事者は以下のとおり合意する）という文がおかれるのが一般的です。

　この文で使われる"consideration"は、通常、「約因」と訳されています。約因とは、簡単に言えば「対価」のことです。これは、英米法上、契約には対価があり、それが一定の方式の書面に現れていなければ効力を有しない（法律上、契約の履行を強制できない）とされる約因理論にもとづくものです。

　国際取引契約では、書面により契約が成立し、当事者の義務には対価関係があるのが通常ですから、「約因」はほとんど問題となりません。また、約因の文は、英米法を準拠法としなければ不要なので、その場合は省略してもかまいません。

◎——詐欺防止法（Statue of Frauds）

　英国法や米国法では、一定の種類の契約（不動産契約、保証契約や長期契約など）については、契約書を作成しなければ、その履行を法律上強制できないとされています。このような法令は、「詐欺防止法」と呼ばれます。ただし、国際取引契約は、書面で契約が成立するのがほとんどですから、これも問題になりません。

■英米契約法の知識①■

◎約因（Consideration）

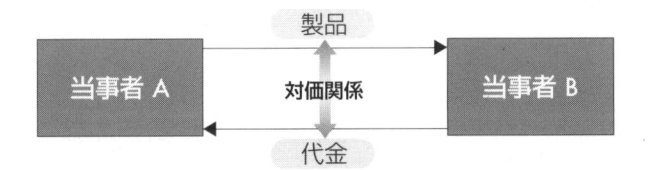

```
                    製品
        ┌─────┐  ──────→  ┌─────┐
        │当事者A│  対価関係  │当事者B│
        └─────┘  ←──────  └─────┘
                    代金
```

◎詐欺防止法（Statue of Frauds）が必要な契約

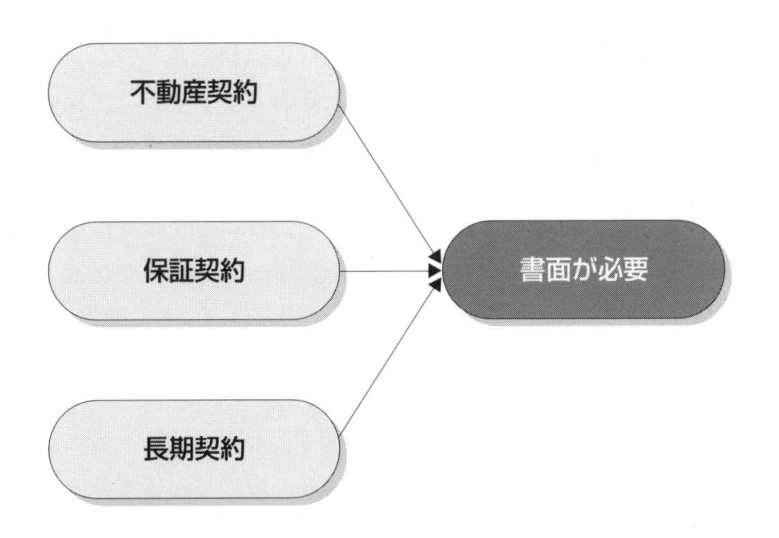

- 不動産契約 ──→ 書面が必要
- 保証契約 ──→ 書面が必要
- 長期契約 ──→ 書面が必要

21 必要最小限の英米契約法の知識②

◎――口頭証拠法則

　英米契約法には、契約書で定められたことが、その契約上の当事者の権利・義務についてのすべての最終的な合意を示すものであることを当事者が意図した場合は、その契約書の内容と矛盾したり、内容を変更したりするような契約書以外の証拠（当事者の交渉中の口頭の合意など）を提出しても、そのような主張ができないという口頭証拠の法則（Parole Evidence Rule）と呼ばれるものがあります。

　この趣旨を明確にするため、英文契約の一般条項として、完全合意（最終合意）条項（Integration Clause）がおかれるのが一般的です。

◎――捺印証書

　英米契約法上、不動産の譲渡契約など一定の種類の契約や、捺印証書作成のための委任状などの法律文書には、捺印証書という一定の方式の書面の作成・交付が要求されることがあります。また、捺印証書の方式で契約書を作成した場合、それ以外の方式で作成した契約と比べると、約因が不要だったり、時効期間（その契約に関する訴訟の提起ができる期間）が延長されたりするなど、有利に取り扱われます。

　捺印証書の作成のためには、社印（corporate sealまたはcommon seal）を押捺し、取締役が署名した後で、秘書役（Secretary）がその面前で押捺が行われたことを証して署名しなければなりません。ただし、その方式は国や州によって異なります。

　日本の会社には、社印や秘書役に該当するものがないため、実務では代表取締役印をもってこれに代え、ほかの取締役が秘書役として署名することが行われています。なお、英国では、最近の法改正で、社印を押捺する必要がなく、取締役および秘書役、または取締役の2名以上が署名すれば足りるようになりました。

■英米契約法の知識②■

◎口頭証拠法則（Parole Evidence Rule）

契約締結前の当事者の合意や契約書以外の当事者の合意文書は、契約書の内容を変更できない。

↓

完全合意条項（Integration or Entire Clause）

◎捺印証拠の署名欄の例（伝統的な場合）

The common seal of [会社名] was)
affixed to this deed in the presence of:)

社印
(common seal)

_____　　_____
（署名）　　　　　　　　（署名）
（名前）　　　　　　　　（名前）
Director　　　　　　**Director/Secretary**

第2章◎英文契約書の読み方

22 英文契約書の一般的な文の構造の理解

◎——主語・動詞・目的語を押さえる

　英文契約書には、修飾節や条件節が多数使われるため、複雑で長文の文章となっています。そこで、まず主語、動詞、目的語を押さえ、その文章の大意をつかむことが大切です。shall、mayという助動詞が一般的に使われるので、それら助動詞に着目して、そこから主語と動詞を押さえると理解しやすくなります。日本語に訳すときは、箇条書きにするとわかりやすくなります。

　また、長文の場合、whichやthatに注目して、条件節、修飾節ごとにスラッシュ（／）で区切ると読みやすくなります。

◎——動詞の見つけ方

　たとえば、右ページにある条項は一文で書かれていますが、これを読むときは、まず第4行目に助動詞"shall"があることに気づくでしょう。最初の"shall"の前に"Licensee"があるので、これが主語で、"shall"の後にある"reduce"が動詞ということがわかります。さらに、第5行目の"state"と第9行目にある"forward"も、これに続く動詞ということがわかります。

　この文章を分解すると、まず①In the event thatで始まる条件節があり、次に②Licenseeの主語に"reduce""state"および"forward"という動詞が続くことがわかります。条件節と修飾節を無視して、本文のみに着目すると、この文章の大意は以下であることがわかります。

　「In the event that 〜（〜の場合）、ライセンシーは、極秘情報のその特定の部分を書面にして、that such portion〜と考える理由を述べて、その極秘情報の部分をそのように扱う旨の文書を30日前に送付しなければならない」

▪文の骨組みの把握▪

◎第1段階 → 主語と動詞を探す

助動詞の次は動詞

In the event that Licensee considers, or should consider, any portion of the Proprietary Information to be excepted from the requirements of strict confidence and secrecy set forth in this Article 9, / [Licensee] [shall] reduce that specific portion of the proprietary Information to writing, state in detail Licensee's reasons for considering / that such portion of the Proprietary Information should be excepted from the requirements of strict confidence and secrecy, / citing and specifically referring to the documents or circumstances / on which Licensee is relying in reaching its conclusion and forward such writing to Licensor, along with copies of all cited documents or other evidence of such circumstances and a notice / that Licensee intends to treat the identified portion of the Proprietary Information as being excepted from the requirements of strict secrecy and confidence set forth in this Article 9, at least thirty (30) days prior to so treating that portion of the Proprietary Information.

主語 / 動詞 / 動詞

◎第2段階 → 条件節をはずし、関係代名詞以下をスラッシュで切る

条件節

In the event that Licensee considers, or should consider, any portion of the Proprietary Information to be excepted from the requirements of strict confidence and secrecy set forth in this Article 9,

[Licensee] [shall] reduce that specific portion of the proprietary Information to writing, state in detail Licensee's reasons for considering / that such portion of the Proprietary Information should be excepted from the requirements of strict confidence and secrecy,

citing and specifically referring to the documents or circumstances / on which Licensee is relying in reaching its conclusion

and forward such writing to Licensor, along with copies of all cited documents or other evidence of such circumstances and a notice / that Licensee intends to treat the identified portion of the Proprietary Information as being excepted from the requirements of strict secrecy and confidence set forth in this Article 9, at least thirty (30) days prior to so treating that portion of the Proprietary Information.

関係代名詞の前にスラッシュ

第2章◎英文契約書の読み方

23 英文契約書の一般条項

　一般条項は、多くの英文契約書に共通して使われるものです。そこで、いったんその内容を理解しておけば、ほかの契約書でも類似しているため、次に契約書を読むときは簡単に読めるようになります。

　一般条項でもチェックすべきものがありますが、それ以外の定型的な条項は、読み流してもかまいません。というのも、契約書のかなりの部分は、定型的な一般条項が占めているからです。そのため、一般条項に慣れてくると、そのほかの本体条項に時間をかけて集中して読むことができるようになります。

　ただし、それぞれの条項が一般条項かどうかは、あくまでその内容によるので、見出しなどで確認するしかありません。中には、Miscellaneous Clausesとして、まとめて規定している例もあります。

　一般条項には、次のようなものがあります。

①定義
（内容は、契約書ごとに異なる）
②契約期間
③契約の解除（解約）
④契約終了の効果
⑤存続条項
⑥契約終了時の義務
⑦不可抗力
⑧秘密保持
⑨支払いの時期・方法
⑩源泉徴収
⑪通知
⑫契約の譲渡
⑬契約の正式言語
⑭権利救済手段と権利放棄
⑮完全合意条項
⑯契約の修正・変更
⑰契約の一部無効
⑱見出しの効力
⑲費用負担
⑳グラマー（単数・複数、性）
㉑準拠法
㉒法裁判管轄・仲裁

■一般条項の例■

◎Miscellaneous Clause として、まとめて記載してある例

6. MISCELLANEOUS
6.1 Term(契約期間)　This Agreement shall commence on the date hereof and shall continue for a period of 20 years after the date hereof.
6.2 Notice(通知)　Any offer or notice made or given pursuant to this Agreement shall be deemed sufficiently made or given upon delivery in person or upon the expiration of five (5) days after the date of posting, if mailed by registered or certified air mail, postage prepaid (or the functional equivalent thereto if mailed outside the United States), to the parties at the following addresses:

　　　　　　　　To Corporation:　　　_____
　　　　　　　　　　　　　　　　　　　_____
　　　　　　　　　　　　　　　　　　　_____

　　　　　　　　To the Shareholders:　At the addresses listed opposite
　　　　　　　　　　　　　　　　　　　their names on Exhibit A

Any party hereto may change his address for the purpose of this Agreement by giving notice to the other parties at the address and in the manner provided above.
6.3 Governing Law(準拠法)　This Agreement has been executed and delivered in the State of Georgia, and the validity and effect of this Agreement shall be governed by an construed and enforced in accordance with the laws of the State of Georgia and the United States of America.
6.4 Serverability(可分性)　All rights and restrictions contained herein may be exercised and shall be applicable and binding only to the extent that they do not violate any applicable laws and are intended to be limited to the extent necessary so that they will not render this Agreement illegal, invalid or unenforceable. If any term of this Agreement shall be held to be illegal, invalid or unenforceable, then the remaining terms hereof shall constitute the agreement of the parties with respect to the subject matter hereof and all such remaining terms shall remain in full force and effect. To the extent legally permissible, any illegal, invalid or unenforceable provision of this Agreement shall be replaced by a valid provision which will implement the commercial purpose of the illegal, invalid or unenforceable provision.
6.5 Waiver(権利放棄)　No failure on the part of nay party hereto to exercise, and no delay in exercising, any right, power or remedy hereunder shall operate as a waiver thereof, nor shall any single or partial exercise of any right, power or remedy by any such party preclude any other or further exercise thereof or the exercise of any other right, power or remedy. No express waiver or assent by any party hereto to nay breach of or default in any term or condition of this Agreement shall constitute a waiver of or an assent to any succeeding breach of or default in the same or any other term or condition hereof.
6.6 Heading(見出しの効力)　The headings as the contents of particular sections are inserted only for convenience and shall not be construed as a part of this Agreement or as a limitation or expansion of the scope of any of the terms or provisions of this Agreement.
6.7 Grammar(グラマー)　Where the context requires, the use of the singular form herein shall include the plural, the use of the plural shall include the singular, and the use of any gender shall include any and all genders.
6.8 Integration　(完全合意条項)　This Agreement supersedes all prior discussions and agreements between the parties with respect to the subject matter hereof, and this Agreement, together with documents which are attached hereto and Exhibits, contain the sole and entire agreement between the parties with respect to the matters covered hereby. This Agreement shall not be modified or amended except by an instrument in writing signed by or on behalf of the parties hereto.

英文契約書の用語の注意点①

　英文契約書の用語については、とくに助動詞、大文字、数字などの点に注意しましょう。

◎──**助動詞**

①**"shall"と"will"**

　一般に義務を表す助動詞としては、〝shall〟が使われます。〝will〟も義務を表す助動詞として使われることがありますが、こちらは例外的です。

　なお、Willの具体的な使用例については、175ページを参照してください。

②**"may"と"be entitled to"**

　両方とも「〜することができる」の意味で使われます。〝may〟は権利、許可を表します。〝be entitled to〟は、法律上、強制できない特権を表すといわれています。一般的には、〝may〟がよく使われます。

◎──**大文字**

　定義されている普通名詞は、大文字から始めます（Seller、Buyerなど）。

　また、注意を促すために、保証の排除や制限などの全文を大文字で書いたり、SUBJECT TOなど特定の語句を大文字で表示したりすることもあります。

◎──**数字**

　金額などは、数字（¥100,000）で表示しても、英語（one hundred thousand Yen）で表示しても違いはありませんが、間違いがないように両方で表示することが多いようです。

例：one hundred thousand Yen（¥100,000）

■用語の注意点■

◎shallとwillの例

Distributor <u>shall</u> diligently and adequately advertise and promote the sale of Products throughout Territory. Seller <u>shall</u> provide, without or with charge, Distributor with reasonable quantity of advertising literatures, catalogues, leaflets, folders, etc. In addition, to facilitate sales of Products in Territory, Seller, upon request by Distributor, <u>will</u> provide reasonable assistance to Distributor in connection with sales and after-sales services in Territory of Products at Distributor's expenses.

> 【日本語訳】
> 販売店は、本件地域において、勤勉かつ適切に本件製品の宣伝および販売促進活動を行う<u>ものとする</u>。売主は、販売店に対し、相当の量の宣伝資料、カタログ、リーフレット、フォルダーなどを有料または無料で提供する<u>ものとする</u>。さらに、本件地域における本件製品の販売を促進するために、売主は、販売店の要求がありしだい、販売店の費用で、本件地域での販売サービスおよびアフターサービスに関し、相当の援助を提供する<u>ものとする</u>。

◎mayの例

Distributor <u>may</u> request Seller to send one or more of Seller's employers ("assigned employee") to such Distributor's office or facility in the United States at such time and for such period as may be agreed between Seller and Distributor, provided that Distributor shall reimburse Seller the living and traveling expenses of the assigned employees and any other expenses incurred by Seller in connection with the assignment of the assigned employees.

> 【日本語訳】
> 販売店は、売主に対し、売主と販売店が合意したところの時期、期間、および米国の販売店の事務所または施設に、売主の従業員の一人またはそれ以上を（以下、「派遣従業員」という）派遣することを要請<u>できる</u>。ただし、販売店は、派遣従業員の滞在費用および旅行費用ならびに売主が派遣従業員の派遣に関し要したその他の費用を支払うものとする。

◎大文字の例

<u>Warranty</u>　All Products sold hereunder shall be sold subject to Supplier's standard terms of warranty in effect on the date of delivery. EXCEPT AS EXPRESSLY PROVIDED IN THIS SECTION, SUPPLIER MAKES NO REPRESENTATIONS OR WARRANTIES OF ANY KIND, NATURE OR DESCRIPTION, EXPRESS OR IMPLIED, INCLUDING,….

◎数字の例

The Lender agrees to advance to the Borrower, upon the terms and subject to the conditions hereof, the Loan in the principal amount of <u>one billion and five hundred million Yen (¥1,500,000,000)</u>.

> 【日本語訳】
> 貸主は、本契約の条項に従い、その条件の下に、元本<u>15億円</u>を借主に貸し付けることに同意する。

25 英文契約書の用語の注意点②

◎──時・期間

①時

　時の表示は、一般の英文と同じです。年月日は、年と日は数字で表し、月だけは英語で表示するのが一般的です。〝This Agreement is made and entered into on April 1, 2000 between～〟のように使われます。また、〝as of July 1, 2001〟（2001年7月1日付の意味）という表現も使われます。

②期間

　期間は、〝from（年月日）to（年月日）〟で表示しますが、期間の始期と終期を明確にするため、〝from and including（from coming on）年月日〟や〝to and including〟、〝on or before〟の語句を使用して、特定の日がその期間に含まれるかどうかを明確にしています。その日が含まれないときは、〝from but excluding〟の語句を使います。

　一定の日の前または後は、〝before〟と〝after〟で表示し、「以前」と「以後」は、〝on or before（年月日）〟と〝on or after（年月日）〟で表します。

◎──以上、以下、未満、超

　〝more than 30 days〟は、30日を超える日数の意味であり、30日は含みません。逆に、〝less than 30 days〟は、30日未満を意味します。したがって、30日以上60日未満は〝30 days or more but less than 60 days〟と表現します。

■英文契約書の用語例 ■

◎期間

from and including January 1, 2001 to, but excluding December 31, 2001

（2001年1月1日から同年12月31日まで。ただし、12月31日はその期間に含まれない）

from coming on January 1, 2001 on or before December 31, 2001

（2001年1月1日から開始して、12月31日まで：12月31日を含む）

for the six months' period ending January 1 and July 1, respectively, of each year

（毎年1月1日と7月1日に終わる6ヵ月の期間）

◎以上、以下、未満、超

The Borrower shall pay all expenses incurred by the Lender not less than ten (10) Business Days prior to the borrowing date.

（借入人は、借入日より少なくとも10営業日以前に、貸出人に生じたすべての費用を支払うものとする）

The board may fix in advance a record date, preceding the date of any meeting of shareholders by not more than 50 days and not less than 21 days, for determination of the shareholders entitled to notice of the meeting.

（取締役会は、株主総会の通知を受領する権利を持つ株主を決定するために、その株主総会に先立つ50日以内21日以上前の日を、あらかじめ基準日として定めることができる）

PART1
英文契約書の基礎

第3章

英文契約書のチェックの仕方

26 取引条件のチェック

◎──**一般的なチェックポイント**

英文契約書のドラフトを相手方から受け取ったら、その内容をチェックする必要があります。また、ドラフトを作成する場合も、相手方に交付する前にチェックしなければなりません。チェックのポイントは各契約ごとに異なりますが、おもに次のようなものがあります。

①**取引条件のチェック**
②**実行可能性のチェック**
③**不平等性の有無のチェック**
④**事情変更の可能性とその対処のチェック**
⑤**紛争の場合の対処のチェック**

◎──**取引条件のチェックポイント**

まず、当然のことながら、当該契約の対象となっている取引の条件が、当事者間で合意した内容になっているか、当方にとって不利な内容になっていないかを確認する必要があります。

取引条件については、箇条書きで一覧表を作成しておけば、チェックがしやすく、もれも防げます。たとえば、売買契約書では、次のような一覧表を作成することが考えられます。

---

(1) 品物
　　①仕様・品質
　　②ラベル
　　③パッキング
(2) 数量
(3) 価格
(4) 支払方法

(5) 引渡
　　①日時・場所
　　②検査の方法、期限
　　③船積条件・船積書類
(6) 税金
(7) 保証・瑕疵担保
(8) 保険

■ 一般的チェックポイント ■

| 取引条件 | ・取引条件は合意した内容どおりか一覧表を作成 |

| 実行可能性 | ・実務の観点から実行可能性をチェック
・矛盾・対立する条項の有無をチェック |

| 不平等性の有無 | ・自社にとって不利な条項の有無をチェック |

| 事情変更の可能性とその対処 | ・事情が変更する可能性がないかどうかハードシップ条項などの検討 |

| 紛争の場合の対処 | ・裁判管轄条項、仲裁条項の検討 |

27 実行可能か

ここでは、各条項で当方にとって義務となっていることが実際に可能か、実行するうえで困難なことはないか、あるいは実行は可能でも煩瑣なことはないかという点を、チェックする必要があります。

契約締結後、実際にその義務を実行しようとすると実行が困難だったり、実行は可能でも煩瑣で、そのとおり実行できないことがあります。そのために、契約を履行しなかったり、履行を遅らせたりすると、それは契約違反になります。また、場合によっては、契約の解約につながることがあるので注意を要します。

さらに、義務の履行に要する時間が、契約上、十分に与えられているかも、チェックする必要があります。

◎――製造委託供給契約の例

たとえば、製造委託供給契約で、委託者は契約途中で委託物の仕様を適宜、変更できるという規定があったとします。この場合、その仕様の変更の事前通知の期間を十分にとっていないと、供給先はその仕様の変更に十分対応する時間がとれず、発注されても、その納入が困難になってしまいます。

また、契約条項どうしで矛盾があり、ある条項が適用されるとほかの条項がその規定どおりに実行できなくなったり、その実行が困難になることがあります。そのようなことがないように、条項間の矛盾や関係にも気をつけるべきです。たとえば、製造委託供給契約のある条項で、委託先が契約締結日から5年間は委託物の他者への販売が禁止されていながら、ほかの条項でこれと矛盾する規定をしている（委託者が第三者からも委託物を購入したときは、委託先は委託物を他者にも販売できると規定している）場合です。この場合は、後者が前者の例外となるのであれば、そのように明確に規定しておくべきです。

■実行可能性のチェックリスト■

【実務の観点からみて、契約条項どおり実行可能か】

→ 手続は妥当か

→ 手続は煩瑣でないか

→ 期間は十分か

【契約条項間に矛盾や対立がないか】

ある条項の内容を実行したとき、ほかの条項の内容が実行できなくなったり、困難になることはないか

28 不平等ではないか

◎——権利・義務は対等に

　契約条件が相手方にとって一方的に有利で、不平等になっていないかの条項も、チェックする必要があります。

　たとえば、当方に破産などの事由があったときに、契約解除（解約）を認める権利が相手方のみに認められている条項があります。このような条項については、相手方にも同様な事由が発生したときは、当方にも契約を解除（解約）できる権利が与えられなければ、「平等ではない」と主張できます。このような条項は、もともと当方には不利な条項ですから、当然、取引条件のチェックの際に確認されるべきですが、相手方だけにある権利が与えられ、当方だけにある義務が課せられていないかということをチェックすることで、自社にとって不利な条項を見過ごすことがなくなります。

　また、受け入れ難い「ある義務」を軽減または排除したいときは、「不平等である」ことを理由に、相手方にも同様な義務を課すことを提案すると、その義務を軽減または排除できることがあります。

◎——秘密保持条項の例

　たとえば、秘密保持条項で、当方から相手方への秘密情報の開示がある場合に、当方だけに相手方から開示される情報についての秘密保持義務が課せられ、その範囲がすべての情報にわたる広範囲におよぶため（もちろん、公知情報などは除外されるにしても）、範囲を合理的に制限したいときがあります。

　その場合、当方だけが秘密保持義務を負うのは「不平等」だとして、相手方も同様の広範囲な秘密保持義務を負うことを主張します。そうすれば、相手方も自己の負う秘密保持義務が広範囲で、実務上、守るのは困難であるとして、その合理的な制限に同意することがあります。

■不平等性のチェックリスト■

一方の当事者のみ義務づけていないか

・秘密保持義務
・契約の権利・義務の移転禁止
・一定の事由（代表者の変更など）が発生したときの通知義務など

一方の当事者しか権利が与えられていないか

・契約解除権（解約権）
・相手方当事者が改良した技術などの使用権など

一方の当事者のみ有利ではないか

・裁判地または仲裁地が相手方当事者の本社の所在地

29 事情変更の場合どうなるのか

　契約のときの事情が契約締結後に変わった場合、当方の義務の履行が不可能になったり、そうでなくても困難になったり、当方に一方的に不利になることがないかも、チェックする必要があります。
　一般条項の不可抗力条項は、契約締結後の事情変更に対処するものですが、不可抗力事由により履行が遅れても、その責任を問われないと規定するだけですから、不可抗力条項だけでは十分とはいえません。したがって、特定の事情変更が予想されるときは、それに対処した条項を契約書に入れておくべきです。

◎──ハードシップ条項

　事情変更を具体的に予想するのは困難なので、英文契約書の中には、当事者の予想できなかった事情変更が発生して、ある契約条項で定める当事者の一方の義務の履行が困難になったり、またはその義務の履行をその当事者に強いることが一方的に不利になったりした場合、その契約の条項の修正について、当事者で協議することを定めた条項があります。
　しかし、当事者の協議で契約が修正できればよいのですが、協議しても相手方がその条項の修正に同意しないことがあります。そこで、協議しても修正が合意できないときは、一方の当事者が契約を解除（解約）できたり、関係する条項の修正について、仲裁人に判断してもらうことを定めたハードシップ（履行困難）条項がおかれたりします。

◎──物品の長期供給契約での例

　たとえば、物品の長期供給契約で、価格を長期間固定した場合、マーケットの状況によっては、原材料が高騰したり、戦争などで、固定価格では売主が到底供給できなくなったりすることがあります。こうした場合にそなえて、ハードシップ条項がおかれることがあります。

■事情変更の場合のチェックリスト■

契約の履行に影響のある事情の変更にはどのようなものがあるか

- 原材料などの価格の高騰
- 戦争などによる運賃の高騰

↓

どのようにして事情変更による不利益を避けることができるか

↓

該当する条項に事情変更の場合の対応規定を追加する

↓

ハードシップ条項

- 仲裁人に事情変更の有無とそれにもとづく条項の修正の可否を判断してもらう条項

30 紛争になった場合どうなる

◎——紛争の解決方法

契約条項の解釈をめぐって紛争になったり、当事者の義務違反が発生して紛争になったりした場合、どのように対処するかも契約書に定めておくことが不可欠です。

紛争解決方法としては、裁判と仲裁があります。日本国内の場合、紛争については、当事者の話し合いで解決するのが一般的で、裁判まで持ち込んで解決することはほとんどありません。国際取引でも、当事者の話し合いで解決するのがほとんどです。

しかし、日本国内の場合と異なり、必ずしもすべて当事者間の話し合いで解決するとはかぎらないので、英文契約書では、必ず紛争解決方法の条項がおかれています。

◎——仲裁

仲裁とは、紛争当事者の合意により、公平な第三者たる仲裁人を選んで、その第三者の判断により、その紛争を最終的に解決する制度です。ただし、仲裁を選ぶと、裁判は利用できなくなります。

そこで、裁判管轄条項と仲裁条項のいずれかを選ばなければなりません。日本企業にとって、外国にまでいって裁判で争うことは、一般的に不利なため（とくに、米国の場合）、仲裁条項を契約書に入れて、外国での裁判を排除するのが望ましいといえます。

紛争処理条項についての詳細は、第3章36 一般条項のチェックポイント⑥（裁判管轄）と、第3章37 一般条項のチェックポイント⑦（仲裁）を参照してください。

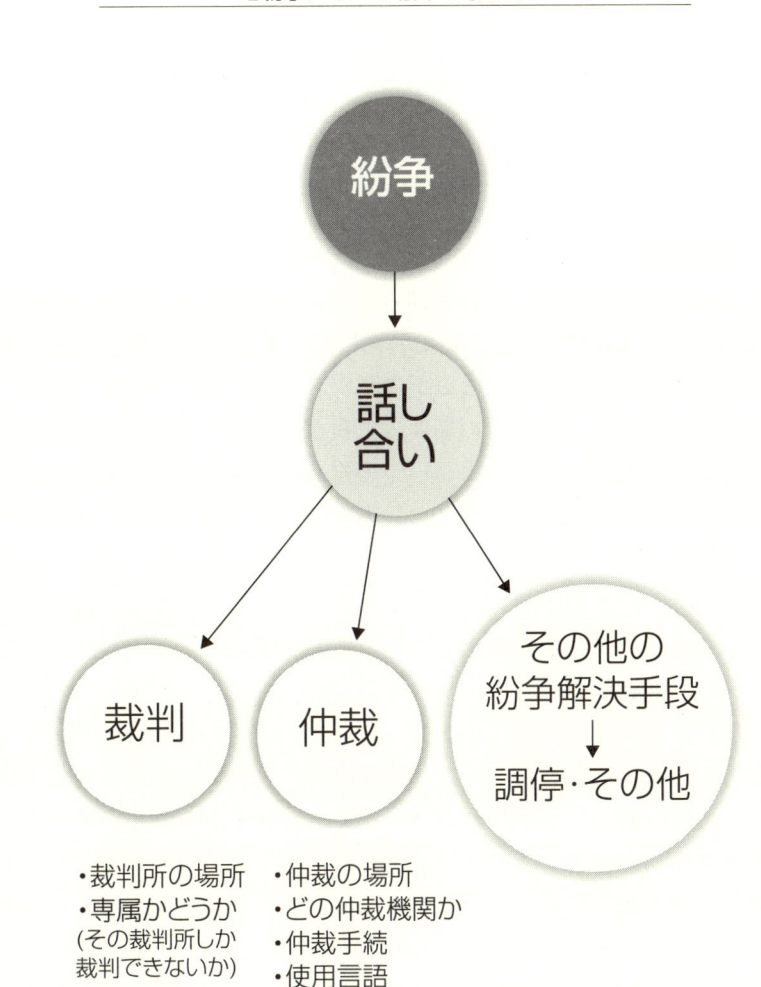

■紛争になった場合の対処法■

```
        ┌─────┐
        │ 紛争 │
        └──┬──┘
           ↓
        ┌─────┐
        │話し │
        │合い │
        └──┬──┘
    ┌──────┼──────┐
    ↓      ↓      ↓
  ┌───┐  ┌───┐  ┌─────────┐
  │裁判│  │仲裁│  │その他の  │
  └───┘  └───┘  │紛争解決手段│
                 │    ↓     │
                 │調停・その他│
                 └─────────┘
```

・裁判所の場所　　・仲裁の場所
・専属かどうか　　・どの仲裁機関か
（その裁判所しか　・仲裁手続
裁判できないか）　・使用言語

第3章◎英文契約書のチェックの仕方

31 一般条項のチェックポイント①

　一般条項については、次に続く点をチェックすべきです。
◎──定義
　各定義条項の内容が定義として十分かどうかをチェックするとともに、定義条項間に矛盾がないかについても、注意を払うべきです。
◎──契約期間
　国内の契約書と同様、契約の効力発生日（契約の効力の発生が政府の認可にかかる場合など）、契約の期間（初日と終日または期間で特定する）や契約の延長または更新に関する定めがおかれます。
　契約期間については、その期間の長短が妥当かどうかチェックするとともに、契約期間の更新についての定めの有無についても、注意を払うべきです。とくに、当事者の一方が期間満了前のあるときまでに契約を更新しない意向を相手方に通知しないと、自動的に契約期間が延長されてしまう自動更新規定があるときは、契約は半永久的に続くことになるので、契約管理上、注意が必要です。
◎──契約の解除（解約）
　契約の解除（解約）事由が十分かどうか、契約の解除（解約）権が相手方だけに認められていて、当方に認められていないといった不平等なことがないかどうかについても、チェックする必要があります。
　相手方の親会社もしくは主要株主、または主要役員が変更になったときに問題が発生するおそれがある場合（競合会社が親会社となった場合など）は、そのような事由を契約解除事由に入れておくべきです。
　なお、日本法上は解除と解約は区別されており、解除は契約を契約時までさかのぼって消滅させることを意味し、解約は将来に向かって契約を消滅させることを意味します。しかし、英文契約では、とくにこうした区別がされていないのが一般的です。

■チェックポイントの具体例①■

◎定義（Definition）
①定義の内容は十分か　　②定義条項間の矛盾はないか

The following terms, whenever used in this Agreement, shall have the respective meanings set forth below:
"Products" shall mean（製品の定義）the products specified in Exhibit A to this Agreement（本契約の別紙Aに記載された製品）, and any other products which Seller, by written notice to Distributor, may hereafter designate as replacements, successors or additions to any of the products specified in Exhibit A（売主が書面で別紙Aに記載された本件製品を代替するもの、継承するもの、またはそれに追加するものとして指定したほかの製品）.

◎契約期間（Term）
① 期間は妥当か　　② 自動更新規定はあるか

Unless sooner terminated in accordance with the provisions of Article 18 below, this Agreement shall commence on the date hereof（契約の開始日＝本契約締結日） and shall continue for an initial term of two years（契約期間2年）. Upon the expiration of such initial term, this Agreement shall be automatically renewed for successive one (1) year term（さらに1年間自動更新）, unless sooner terminated in accordance with the provisions of Article 18 below or unless either party gives the other party written notice of cancellation of at least ninety (90) days prior to the expiration of the then current term（期間満了日の90日前に終了通知がないことを自動更新の条件とする）.

◎契約の解除（解約）（Termination）
① 解除(解約)事由が明確か　　② 両当事者が解除できるか
③ 特別な解除事由は必要ないか（主要株主の変更等）

In case there is a default（一方の当事者の債務不履行の解除事由） by either of any provision of this Agreement during the term of this Agreement, the parties hereto shall first of all try to settle any matter arising from such default as soon and amicably as possible to mutual satisfaction. Unless settlement should be reached within thirty days after notification in writing of the other party, such other party has the right to terminate this Agreement and the loss and damages sustained thereby shall be indemnified by the party responsible for such default.
Either party hereto has the right to terminate this Agreement without any notice to the other party in the event of such other party's bankruptcy, insolvency, dissolution, liquidation, receivership proceedings（当事者の破産、支払不能、解散、整理、財産管理手続があったときに解除・解約事由）.

第3章◎英文契約書のチェックの仕方

32 一般条項のチェックポイント②

◎——契約終了時の義務（契約の終了の効果・存続条項）

契約が終了した場合、どのように契約関係を処理するのかについて、明確にしておかなければなりません。また、契約終了後も効力を有する秘密保持条項などについては、その期間などを明確にしすべきです。

◎——不可抗力

地震や台風など、当事者がコントロールできない事由により、その債務の履行ができないとき、履行期限がその分だけ延長されることなどが定められているのが不可抗力条項です。この条項では、列挙されている事由により、当事者がほんとうにコントロールできないかどうかをチェックする必要があります。

また、履行不能が一定期間継続するようであれば、その履行のもとになった注文などを取り消すことができる規定が必要な場合があります。

◎——秘密保持

秘密保持条項では、秘密保持の対象となる「秘密情報」の定義、およびその例外が十分かどうかをチェックすべきです。「秘密情報」の定義としては、次の2つの方法が一般的に使われています。

(1) 一方の当事者から受け取ったすべての情報とする方法
(2) 当事者が秘密情報と文書などで通知した情報に限定する方法

これらの例外としては、①それを受領する前にすでに保有していた情報や自ら開発した情報、②公知の情報、③第三者から取得した情報、④裁判所や公的機関から開示を求められた情報などがあります。

また、秘密保持義務では、契約終了後もその義務が残ると規定する例が多くみられますが、いつまでその義務が存続するのかを明確にすべきです。通常は、3～5年とするのが多いようです。

■チェックポイントの具体例②■

◎契約終了時の義務（Obligation after Termination）
①契約終了後の契約関係をどのように処理するか　②契約終了後も存続する条項を明確にする

The provisions of this Agreement shall, in the event of expiration or termination thereof, continue to apply to the rights and duties of the parties existing under this Agreement or sales contracts thereunder, at the time of termination or expiration of this Agreement, provided, however, that Seller shall have an option to cancel without any liability the order accepted but not performed before such termination or expiration（未履行の個々の契約の解約）.
The provisions of Articles 15 and 16, respectively, shall survive such termination or expiration（契約終了後、存在する条項）.
In the event of termination for any reason, Seller agrees to repurchase all of the products which are returnable under Seller's return policy and are held but not then sold by the Distributor, at 100% of the invoice price thereof (or less 10% where the Distributor's action or non-action is the cause of the termination by Seller), except that in no event shall Seller be required to so repurchase products which are more than 10 month old. Products so repurchased by Seller shall be shipped by Seller's instructions to the Distributor at Distributor's expense and risk（売主による買主の在庫の買取）.
Following termination of this Agreement, the Distributor shall immediately cease to use Confidential Information and the name of Seller, or any derivation thereof, for any purpose whatsoever and the Distributor shall promptly return all documentary Confidential Information in this possession, together with all copies thereof, as well as all catalogs, promotional material and servile manual, if any, previously supplied by Seller（秘密情報の買主から売主への使用禁止）.

◎不可抗力（Force Majeure）
例示されている不可抗力の事由をチェックする（以下の事例の下線の部分）

Seller shall not be liable for any default or delay in performance if caused, directly or indirectly, by fire, flood, earthquake, acts of God, strikes, riots or civil disorder, unavoidable casualty, governmental order or state of war, accidents, interruptions of transportation facilities or delays in transit, supply shortages, failure of any party to perform any contract with Seller relative to the production or delivery of the Products, or any other cause, whether similar or dissimilar to the causes enumerated herein, beyond the reasonable control of Seller. Seller shall notify Distributor of the happening of any such contingency within a reasonable period of time. If as a result of an excusable delay performance cannot be completed within the original period for performance, the period for performance shall be extended for a reasonable period of time to allow for completion of performance.

◎秘密保持（Confidentiality）
①秘密情報の定義は十分か
　（1）「一方の当事者から受け取ったすべての情報」と定義する方法（第2部1.レター・オブ・インテントの第5条秘密保持を参照してください）
　（2）当事者が「秘密情報」と文書などで指定した情報に限定する方法（第2部2.秘密保持契約の第1条定義を参照してください）

②例外は十分か

③契約終了後の秘密保持義務の存続期間

33 一般条項のチェックポイント③

◎——支払いの時期・方法、源泉徴収

　支払いの際、現地通貨から外国通貨に換える必要があるときは、いつの時点のどのレートを使うのかについて、明確に定めておくべきです。一般的には、支払時の支払場所における為替レートを使用します。

　また、ライセンス契約のロイヤリティの支払いで、国内税法上、源泉徴収を要求される場合は、源泉徴収してからその残額を支払うことを契約上明記すべきです。

　一方、相手方が源泉徴収して支払うときは、その相手方の国の税務署などへの支払証明書を要求すべきです。

◎——通知

　国際取引契約では、通知の方法と通知の効力の発生時についても、チェックすべきです。たとえば、ファクシミリによる通知を認めているときは、ファクシミリだけではなく、同一内容の手紙を出すことを要求しているのが一般的です。

　また、外国郵便では、日本のような内容証明郵便は認められていませんが、書留郵便のような〝registered mail〟という制度があります。そのため、日本から外国に郵便を出すときは、この配達証明（受領通知）制度を利用することができます。

　通知の効力の発生時期については、相手方がその通知を受領したときとするのが、間違いがありません。ただし、それでは郵便の配達に相当な日数を要したときなど、なかなか通知の効力が発生しないことになります。したがって、英文契約では、郵便を投函してから何日か経過した後、効力が発生すると規定するのが一般的です。

　この場合、その日数が十分かどうかについても、確認する必要があります。

■チェックポイントの具体例③■

◎支払の時期・方法・源泉徴収（Payment & Withholding Tax）

①支払時期が明確かどうか

②源泉徴収義務の明記
　　源泉徴収義務があるときは、源泉徴収して支払うことを明記、支払証明書の交付義務

③外国通貨に変換して支払うときは、その為替レートの明記

Licensee shall remit to the bank designated by Licensor the royalty provided under Article 13(1) within thirty (30) days from the last day of June and December of each year（毎年6月と12月の末日から30日以内が支払期限）.
In the event that the amounts paid pursuant to the provisions of Article 13(1) are subject to withholding tax in Japan, Licensee shall remit to Licensor the amount remaining after deduction of such withholding tax（源泉徴収して支払うことを明記）. In such case, Licensee shall submit to Licensor a certificate of proper payment of withholding tax issued by the relevant agency of the government of Japan（支払証明書のライセンシーからライセンサーへの交付）.
Payments shall be made in United States Dollars（米ドルで支払う）converted at the official rate of exchange between the Japanese Yen and the United States Dollars on the day of each remittance（支払日の為替の公定相場で換算する）and shall be made payable at a bank account in New York City, New York, the United States of America（ニューヨークの銀行口座に振込む）which is designated in writing by the Licensor.

◎通知（Notice）

通知の方法と通知の効力の発生時の確認

All notices, requests, demands or other communications required or permitted to be given or made under this Agreement shall be in writing and delivered personally or sent by prepaid, first class, certified or registered air mail (or the functional equivalent in any foreign country), return receipt requested, or by telex or facsimile transmission to the intended recipient thereof at the address（通知の方法）, telex number or facsimile number set forth below (or to such other address, telex number or facsimile number as a party may from time to time duly notify the other party).
Any such notice, demand or communication shall be deemed to have been duly given immediately if given or made by a confirmed telex or facsimile), ten days after mailing, and in providing the same it shall be sufficient to show that the envelope containing the notice（通知の効力の発生時期）, demand or communication was duly addressed, stamped and posted or that receipt of a telex message, or facsimile was confirmed by the recipient.

34

一般条項のチェックポイント④

◎──契約の譲渡

相手方の同意がなければ、当事者の権利・義務または契約上の地位を第三者に譲渡できないことを定めた条項です。

ただし、グループ内の企業再編などによって、契約上の当事者の地位の移転が予想されることがあります。そのような場合は、相手方当事者の同意がなくても、契約の移転ができるといった例外規定をおいておくべきです。

◎──契約の正式言語

契約書が二カ国語で作成されることが予定されるときは、その２つの契約書でくい違いが生じた場合を想定して、どちらの言語で作成された契約書を優先するかを明確に規定しておくべきです。

また、契約書中、通知や文書作成が予定されているときは、どの言語を正式言語として使うのかについても、明確にしておくべきです。とくに、日本人にとってなじみのない言語の国の企業と契約するときは、英語を正式言語とするのがよいでしょう。

◎──権利の救済手段と権利放棄

法律上、認められている相手方の債務不履行に対する救済手段（損害賠償請求権や契約の解除・解約権）と、契約上の救済手段を、併用して選択的に行使できることを定めたのが、権利救済手段（Remedies for Default）です。

また、当事者の債務不履行について認めても、それは、それ以後の相手方の同様の債務不履行を認めたり、それに対する救済手段の権利を放棄することを意味しないことなどを定めたのが、権利放棄（Waiver）の条項です。

この条項は、通常はとくにチェックする点はないところです。

■チェックポイントの具体例④■

◎契約の譲渡（Assignment）

相手方の同意なくして、契約を譲渡しなければならない場合があるかどうか

Distributor shall not assign this Agreement or all or any portion of its rights hereunder, or delegate or subcontract all or any portion of its obligations hereunder, without the prior written consent of Seller, which consent shall not be unreasonably withheld（契約の譲渡については、相手方の同意を要しますが、相手方は不合理にその同意を差し控えないという制限がつけられています）．

◎契約の正式言語（Governing Language）

どの言語が契約の正式言語か

Regardless of whether a copy of this Agreement is translated into another language, the official version shall be the English language version（英語が正式言語になっています）, which shall prevail in all cases.

◎権利の救済手段・権利の放棄
　（Remedies for Default・Waiver）

相手方の同意なくして、契約を譲渡しなければならない場合があるかどうか

In addition to all of the rights and remedies of the parties in the event of defaults or breaches or obligations hereunder in addition to all rights and remedies available under applicable law, each of the non-defaulting parties shall have the right, at their election, to the additional remedies as forth in this Article if any party ("the defaulting party") fails to satisfy its obligations hereunder.

　本契約の当事者（「不履行当事者」という）が、本契約規定に違反したときには、ほかの当事者は、本契約中のほかの規定上、または法律上、有する不履行または違反に対するいっさいの権利および救済手段に加え、その選択により、本条に規定する追加の救済手段によることができる。

No failure on the part of Seller to exercise, and no delay by Seller in exercising any right, power or remedy hereunder shall operate as a waiver thereof, nor shall any single or partial exercise of any right, power or remedy by Seller preclude any other or further exercise thereof or the exercise of any other right, power or remedy. No express waiver or assent by Seller to any breach of or default in any term or condition of this Agreement shall constitute a waiver of or an assent to any succeeding breach of or default in the same or any other term of condition hereof.

　本契約上の権利、権限もしくは救済手段の売主によるいかなる不履行または遅滞もそれらの放棄とみなされることなく、本契約上の権利、権限または救済手段の単独のもしくは部分的ないかなる行使もそれらの以後のほかのもしくは追加の行使またはほかの権利、権限もしくは法的救済手段の行使を妨げないものとする。本契約の条項の違反もしくは遅滞に対する売主の明示の権利放棄もしくは同意は、同じまたはほかの条項の以後の違反もしくは遅滞に対する同意または権利放棄とならないものとする。

35 一般条項のチェックポイント⑤

◎──完全合意条項、契約の修正・変更
　契約書の内容がすべてであって、契約の修正・変更は、当事者が署名した文書によらなければ効力を有しないことを規定したものです。
　通常は、とくにチェックする点はないところです。

◎──契約の一部無効（可能性）
　契約の一部が法令により無効とされても、ほかの部分はそれによって影響を受けず、依然として有効であることを定めたのがこの条項です。通常は、とくにチェックすべき点はないところです。

◎──見出しの効力
　契約の各条項についている見出しは、法的意味を持たないことを確認的に規定した条項です。通常は、とくにチェックすべき点はないところです。

◎──費用の負担
　契約書の作成や、それについてのアドバイスを求めた弁護士費用などは、だれが負担すべきかを定めた規定です。各当事者がそれぞれの自己の分を負担することを定めているのが通常です。したがって、そのような内容になっているか、チェックする必要があります。

◎──グラマー
　契約上の数を表す語句は、その文脈に従って、単数であっても複数の語句も含んだり、その逆もあります。
　また、性を表す語句は、一方の性や両方の性の語句も含むことを定型的に規定したものなので、とくにチェックすべき点はありません。

■チェックポイントの具体例⑤■

◎完全合意条項（Entire Agreement）、契約の修正

This Agreement supersedes all prior discussions and agreements between the parties with respect to the subject matter hereof, and this Agreement contains the sole and entire agreement between the parties with respect to the matters covered hereby(本契約は、その目的の事項に関する当事者間の本契約前のすべての協議および合意にとって代わるものであり、本契約がおよぶ事項に関する当事者の唯一かつ完全な合意を含むものである). This Agreement may not be modified or amended except by an instrument in writing signed by the parties or their duly authorized representatives(本契約は、当事者によりまたは当事者の適法な権限ある代表者により署名された文書によらなければ、修正または改正されないものとする).

◎契約の一部無効（可能性）（Severability）

All rights and restrictions contained herein may be exercised and shall be applicable and binding only to the extent that they do not violate any applicable laws and are intended to be limited to the extent necessary so that they will not render this Agreement illegal, invalid or unenforceable. If any term of this Agreement shall be held to be illegal, invalid or unenforceable by a court of competent jurisdiction, it is the intention of the parties that the remaining terms hereof shall constitute their agreement with respect to the subject matter hereof and all such remaining terms shall remain in full force and effect(本契約上のすべての権利および制限は、いかなる適用法律にも違反しない範囲で、行使することができ、かつ適用され拘束するものとし、本契約を違法、無効または履行不能としないために必要な範囲に制限されるよう意図されるものとする。本契約の条項が適法な管轄権を有する裁判所により違法、無効または履行不能と宣言された場合は、本契約の残りの条項は本契約の対象事項に関し依然として当事者間の契約を構成し、そのすべてが完全な効力を有するものであることが両当事者の意図である).

◎見出しの効力（Heading）

The headings as to contents of particular Article are inserted only for convenience and shall not be construed as part of this Agreement or as a limitation on the scope of any terms or provisions of this Agreement(特定の条文の内容に関する見出しは、便宜のためにのみ挿入されたものであり、本件契約の一部としてまたは本件契約の条項または条件の範囲を制限するものとして解釈されてはならないものとする).

◎費用の負担（Cost）

The Seller and the Buyer shall pay their respective expenses incurred in connection with the origin, negotiation, execution and performance of this Agreement(売主および買主は、本契約の成立、交渉、作成および履行に関して生じたそれぞれの費用をそれぞれが支払うものとする).

◎グラマー（Grammar）

Where the context requires, the use of the singular form herein shall include the plural, the use of the plural shall include the singular, and the use of any gender shall include any and all genders(文脈に従い、本契約上の単数の語句は複数を含み、複数の語句は単数を含み、ある性の語句はすべての性を含むものとする).

36 一般条項のチェックポイント⑥

◎――準拠法

　国際取引契約では、異なる国の当事者が契約するため、契約書の効力・解釈が問題になったとき、いずれの国の法律が適用されるかを定める必要があります。契約書の解釈・効力に適用される準拠法は、もちろん日本法が望ましいのですが、相手方も自国法を主張して譲らないことがあります。そのときは、次の2つの対処法があります。

（1）準拠法について定めない
（2）第三国の法律を準拠法とする（たとえば、イングランド法）

　ただし、先進国の法律であれば、契約書で詳細に規定しているかぎり、とくにその国の法律を準拠法としても問題ないと思われます。

◎――裁判管轄

　契約書について紛争が生じた場合、いずれの国の裁判所がその紛争について裁判することができるのかを定めたのが、裁判管轄条項です。ある国の裁判所が、外国企業を当事者（被告）として裁判できるかどうかは、その国の民事訴訟法の定めによって決まります。

　その国の法令が、外国企業について裁判できないとしているときは、外国企業はその裁判の当事者となることを拒絶できます。しかし、外国企業が、契約書で裁判所の裁判の当事者となることを認めたときは、裁判所は契約書の合意を尊重して、裁判を認めるのが一般的です。

　裁判管轄のチェックについては、次の2つがポイントとなります。

①どの国のどこの裁判所が管轄をもつか
②管轄は専属的かどうか

　日本企業にとっては、日本の裁判所に専属的な裁判管轄を認める条項が望ましいのですが、相手方の国の法令によっては、そのような専属的な裁判管轄権が否定されることがありうるので注意を要します。

■チェックポイントの具体例⑥■

◎準拠法（Governing Law）

準拠法はどの国の法律が適用されるか

This Agreement shall be governed by and under the laws of Japan as to all matters including validity, construction and performance.

　本契約は、その有効性、解釈および履行を含むすべての事項に関し、日本法に準拠するものとする。

◎裁判管轄（Forum・Jurisdiction）

①どの国のどの裁判所が裁判管轄権をもっているか

②管轄権は専属的かどうか（その裁判所にしか、当該契約に関する訴訟を提起できないかどうか）

Regardless of the place of contracting, place of performance or otherwise, this Agreement and all amendments, modifications, alterations or supplements hereto, and the rights of the parties hereunder shall be construed and enforced in accordance with the laws of the State of California, the United States of America. If any controversy or claim between the parties arises under or relating to the transactions contemplated herein, only courts in the State of California, the United States of America shall have jurisdiction to hear and decide such matter. Licensee hereby irrevocably (a) submits to the jurisdiction and venue of the courts in the State of California, the United States of America（カリフォルニア州の裁判所が専属管轄権を有する）in any action arising under or relating to the transactions contemplated herein, and (b) waives any and all jurisdictional defenses Licensee may have to the institution of any such action in any such court.

　その締結の場所、履行の場所またはその他の場所のいかんにかかわらず、本契約およびその改正、修正、変更または追加および本契約上の当事者の権利は、米国カリフォルニア州の法律に従って解釈され履行されるものとする。本契約により、意図された取引に関して当事者間で紛争または請求が生じた場合は、米国カリフォルニア州にある裁判所のみが、その問題を審理し、決定する裁判管轄権を有するものとする（カリフォルニア州の裁判所が専属管轄権を有している）。ライセンシーは、取消不可能の条件で(a)本契約に関し発生したいかなる訴訟についても、米国カリフォルニア州の裁判所の管轄権および裁判地籍に服し、かつ(b)その裁判所に提起された訴訟に対して、その当事者が有するすべての管轄権の抗弁を放棄するものとする（※ライセンシーは、カリフォルニア州の裁判所に訴訟を提起されても、その管轄を争えません）。

37 一般条項のチェックポイント⑦

◎――**仲裁**

　仲裁について定めたのが仲裁条項です。仲裁とは、紛争当事者の合意により、公平な第三者である私人の仲裁人を選んで、その第三者の判断によって紛争を最終解決する私的な制度です。仲裁判断は、各国の法令で、確定判決と同一の効力が認められています。また、当事者が、契約で最終的に仲裁で解決することを規定していれば、紛争が発生したときに、その当事者は訴訟を提起できなくなります。

　なお、日本や世界の主要国が加入しているニューヨーク条約では、加盟国でなされた仲裁判断は条約加盟国で承認され、執行できるとされています。

◎――**仲裁手続**

　仲裁機関、仲裁規則、仲裁地、仲裁人の選任方法および仲裁手続で使われる言語などについては、具体的に定めるべきです。一般的には、仲裁地とその仲裁地にある仲裁機関を定めて、仲裁手続にしたがって仲裁を行うと定めています。仲裁地は東京で、仲裁機関は日本の社団法人日本商事仲裁協会とするのがもっとも望ましいといえますが、当然、相手方も自国での仲裁を要求します。

　そこで、当方が仲裁申立をするときは相手方の国での仲裁とし、相手方が仲裁申立のときは日本での仲裁とする条項が、日本企業の契約ではよく使われています。

　また、仲裁で紛争を解決するとしながらも、その必要性があるときは、相手方の違反行為の差止命令を申し立てすることができることを、とくに規定することもあります。

■チェックポイントの具体例⑦■

◎仲裁（Arbitration）

①仲裁機関
②仲裁規則
③仲裁地
④仲裁人の選任方法
⑤仲裁手続で使われる言語

(a) 日本企業がよく利用する仲裁条項例

All disputes arising in connection with this Agreement between the parties which cannot be settled by agreement shall be finally settled by arbitration. The arbitration shall be held in Tokyo, Japan and conducted in accordance with the rules of Japan Commercial Arbitration Association if the arbitration is requested by Distributor. The arbitration shall be held in Chicago, U.S.A. and conducted in accordance with the rules of the American Arbitration Association if the arbitration is requested by Seller.

　　　　　　　　　　　　　　　仲裁による解決　　　　　販売会社の要求
　　　　　　　　仲裁地東京

　本契約に関して生ずる紛争で、話し合いによって解決できないものはすべて、仲裁によって最終的に解決するものとする。販売会社が仲裁を要求するときは、仲裁は東京において社団法人日本商事仲裁協会の仲裁規則にもとづいて行う。売主が仲裁を要求するときは、仲裁はシカゴにおいて米国仲裁協会の仲裁規則にもとづいて行う。

(b) 仲裁が原則だが、差止命令など申し立てができることを明記した例

Nothing in this Article prevents either party from seeking interim or permanent injunctive relief, specific performance or other equitable remedies in relation to a dispute involving Confidential Information where such party reasonably believes that such relief is necessary to prevent immediate harm.

　　　　　差止命令

　本条の規定の定めにかかわらず、当事者の一方が、秘密情報にかかわる紛争に関して、差し迫った損害を防止するために、仮の差止命令もしくは恒久的差止命令、特定履行命令、または衡平法上の救済が必要であると合理的に信じるときは、そのような救済の申し立てをすることができる。

PART1
英文契約書の基礎

第**4**章

英文契約書の書き方

38 英文契約書作成のポイント①

　英文契約書を作成するにあたり、注意すべきおもなポイントは次の①〜⑨のとおりです。

①当事者の権利・義務をできるかぎり網羅して規定する

　契約書には、当事者の権利・義務をできるかぎり網羅して規定しなければなりません。契約書に規定すべき当事者の権利・義務や必要事項を日本語で箇条書きにして、そのリストをもとに契約書を作成していけば、記載もれを防ぐことができます。

②契約成立後発生するあらゆる事態を想定して、それにどう対応するかを定める

　契約成立後に発生するあらゆる事態を想定して、それにどう対応するか、明確に定めておくべきです。天災が発生して、当事者の履行が困難または不可能にいたる事態を想定した不可抗力条項は、その典型です。

③相手方の契約違反を前提として、これに対処する規定をおく

　契約を締結したといっても、相手方が必ずしもそれを守るとはかぎりません。そのような場合、相手方にどのようにして契約を履行させるのか、相手方の契約違反によって被る当方の損害をどのようにして最小限度に食い止めるのか、最悪の事態を常に想定して、それに対処する規定を契約書に盛り込んでおくべきです。

　また、相手方が履行することと引き換えに、当方の履行条件とするべきです。あるいは、当方の履行が相手方の履行より先行するときは、全部履行するのではなく、一部は相手方の履行時まで残しておくなど、いろいろと工夫すべきです。

▎英文契約書の作成ポイント①▎

- 当事者の権利・義務を網羅的に規定 → 日本語の箇条書きメモを作成

- 契約成立後発生するあらゆる事態を想定 → 不可抗力条項

- 相手方の契約違反とその対応など → 同時履行を要求する

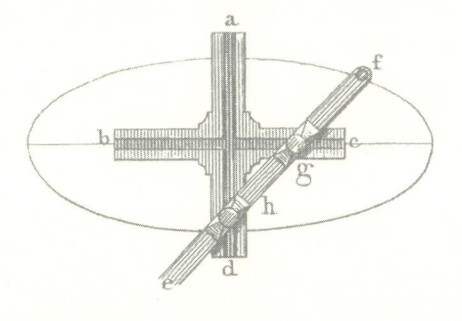

第4章◎英文契約書の書き方

39 英文契約書作成のポイント②

④当事者間での紛争が発生したとき、どう対応するかを定めておく

当事者間で契約をめぐって紛争が発生した場合、当事者間の話し合いで解決できればよいのですが、話し合っても解決できないとき、どうするかについても契約書に規定しておくべきです。その際、裁判で解決するか、裁判によらず仲裁などで解決するのか、明確に規定しておくべきです。

⑤契約の規定の解釈に疑義が残らないよう明確、かつ具体的に書く

契約の個々の規定については、その内容にあいまいさや疑問が残ることがないように、明確に具体的に書くべきです。

たとえば、"If either party breaches a material provision of this Agreement, the other party may terminate this Agreement"（当事者の一方が、本契約の重要な規定に違反したときは、ほかの当事者は、本契約を解約できる）と書いた場合、何が"material"なのか明確にしないと、将来、その点をめぐって争いが生ずることになります。

また、日本語で契約書を作成して、それを英語に翻訳して英文契約書を作成している例がみられますが、これは避けるべきです。こうした場合は、日本語の契約書のあいまいさが残るからです。

⑥契約書式集などを活用する

英文契約書の作成にあたっては、英米の法律家が作成した英文契約書を利用して、これを模倣して作成するのが、慣れないうちは最善の方法といえます。その際、自分が作成しようとしている取引の類型の英文契約書の例を利用して作成するのがよいでしょう。英文契約書の先例や書式集は、その骨組みや一般条項を利用でき、各条項の表現を学んだり、チェックリストとして利用できるなど有用ですから、日ごろから収集しておくとよいでしょう。

■英文契約書の作成ポイント②■

紛争への対応

→ 仲裁か裁判か
（ただし、仲裁で解決すると規定した場合は、裁判による解決ができなくなる）

明確・具体的な条文

→ いくつかの場面を想定してその条文ですべて対応できるかチェックする
→ 日本語の契約書を翻訳しない

契約書式などの活用

→ こちらにとって有利な条項か確認して利用する

注意すること
英文契約書の先例や書式集を利用する際は、英文契約書例の内容を十分に理解して利用しないと、自分にとって不利な条項もそのまま利用してしまうことがあるので、注意しましょう。

40 英文契約書作成のポイント③

⑦条・項・号の表示
　契約の各条項を表示する「条」は、英語では〝Article〟や〝Section〟で表されます。その条項を細分する「項」は、〝Subclause〟や〝Subsection〟または〝Paragraph〟と呼ばれ、(1)またはaで表示されます。「項」をさらに細分する「号」は〝Subparagraph〟または〝Item〟と呼ばれ、(a)または(i)で表示されます。条、項などを1、1.1、1.1.1と表示する場合もあります。

⑧条項の見出し
　見出しは必ずつける必要はありませんが、便宜のためにつけるのが一般的です。

⑨条項の本文の構成
　通常の英文の文書と同様、主語＋動詞＋目的語が基本となります。また、短文、直接的表現、能動態を使用して、平明に書くというルールも通常の文書とまったく同じです。とくに、主語が明確ではない受動態は、できるだけ避けるべきです。

　ただし、実際には、条件節（if、in case、where）や不明確さを避けるために、特定の語句にwhich、thatの修飾節や例外を定めた文節（provided that、except that、unlessなど）がつけられることが多く、長文でわかりにくい条項が多くみられます。

　そうしたときは、箇条書きにして分けて書くと、読みやすくなります。

　また、一文の中に対象となる事項をいくつか列記するときは、それら各事項の前に、(1)(2)(3)や(a)(b)(c)などをつけて区分すると、読みやすくなります。

■英文契約書の条項の構成■

◎条・項・号の表示

条：Article、Section ……………………………………… I
項：Sub-clause、Subsection、Paragraph ……… (1)、a、1.1
号：Sub-paragraph、Item ………………………… (a)、(i)、1.1.1

◎条項の見出し

Article 1 Definitions

The following terms, whenever used in this Agreement, shall have the respect meanings set forth below:

第1条　定義
　以下の語句は、本契約で使われるときは、常に、以下の意味を有するものとします。

◎条項の本文の構成

○主語 + 動詞 + 目的語の文型は同じ
○短文、直接的な表現、能動態を使って平明に書く
○条件節、修飾節による具体化・特定化

41 英文契約書の作成の手順①ドラフトの作成

　初心者が英文契約書のドラフトを作成するにあたっては、次の①～③の手順を踏むのがよいでしょう。

①先例・書式集の利用

　まず、作成しようとしている英文契約書と同種、または類似の英文契約書例を書式集などから選び、その骨組みを利用して大ざっぱなドラフトを作成します。

　一般条項はそのまま残し、本体条項のうち、まったく関係ないと思われるものや当方に不利なものを削除します。

②取引条件リストの作成

　次に、取引条件をすでに作成したドラフトに反映させるように加筆修正していきますが、その際は全体の構成から考えるようにしましょう。

　ドラフトの全体を見て、それぞれの取引条件をどの条項に入れるのか、あるいは新たな条項を作成する必要があるのかなどを検討して、個々の取引条件について考えていきます。

　なお、日本語で契約条項を作成してから英訳するということは、なるべくやめるべきです。それよりも、類似の条項を利用して契約条項を作成するようにしましょう。類似の契約条項は参考になることが多く、たとえばローン契約の利息や遅延損害金の規定方法などは、ほかの契約の遅延損害金の条項に利用することができます。

　ただし、どうしても類似の契約条項が見つからなければ、自ら新たな条項を創設するしかありませんが、その際もなるべく最初から英文で作成すべきです。

▎英文契約書の作成の手順 ▎

先例・書式集の利用

- 同種・類似の英文契約書例を選択
- 当事者名の変更
- 説明条項の変更
- 無関係の条項や不利な条項の削除

取引条件リストの作成と契約書への反映

- 日本語で箇条書きリスト作成
- 類似の条項の利用
- 日本語の条項を英訳しない

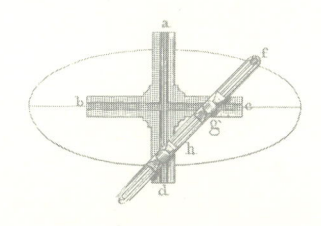

42 英文契約書の作成の手順②契約書のチェック

◎――作成した契約書のチェック

前項で作成した契約書のドラフトを、本書第3章26「一般的チェックポイント」記載のチェックポイントでチェックするとともに、各種契約書のチェックリストを利用して、必要な条項で記載もれがないかチェックします。そして、最後に以下の形式的な点をチェックします。

①数字、年月日、名前の確認

売買代金の金額などの数字、期間などの年月日、人の名前、社名、製品名など名前が間違っていないかをチェックします。

②定義の一貫性

定義が、本文中で一貫して使用されているかをチェックします。

③条項間の整合性

ある条項とほかの条項の内容が矛盾していないかどうかをチェックします。とくに、ドラフトを途中で修正した場合、その修正した条項とほかの条項の内容が矛盾してくることがあるので、注意を要します。

④引用条文の正確性

ある条項でほかの条項を引用しているとき、その条項の番号が正確かどうか確認すべきです。とくに、途中である条項を追加または削除してドラフトを修正したときは、引用した条項の番号がずれてくることが多くあるので、注意しましょう。

⑤タイプミス

タイプミスがないかどうかも、チェックすべきです。ワープロのスペルチェック機能を利用すれば発見しやすいのですが、英語自体は間違っていなくても、別の語句になっている場合は、スペルチェックは機能しませんので、注意が必要です。

■作成した契約書のチェック■

数字、年月日、名前の確認

定義の一貫性

- 大文字で定義されているものが小文字で書かれていないか

条項間の適合性

- ある条項を修正した場合、他の条項を修正する必要がないか

引用条文の正確性

- ある条項を削除または追加したとき、引用条文の番号が違っていないか

タイプミス

- スペルチェックの利用
- 自分では見過ごすことがあるので、なるべく第三者に見てもらう

43 その他の注意すべきポイント

　英文契約書の作成にあたって、その他の注意すべき点としては、次の①～③があります。

①契約書の綴じ方と割印の要否
　国内契約では、ページとページとの間に割印を押したり、袋とじにしたりして契約書の一体性を確保しますが、英文契約書ではあまりそういうことはしません。
　英文契約書では、各ページに各当事者のイニシャルを手書きで記入する場合がありますが、しないことも多くあります。また、契約書の左端をバインダーで綴じることもありますが、単に留めるだけのことも多くあります。

②訂正の方法
　契約書の訂正の仕方についても、確立した方法はありません。ただし、訂正の方法は国内契約と同様に、訂正部分に線を引き、訂正を手書きで加筆し、近くの欄外に各当事者がイニシャルを手書きで記すのが一般的です。

③特別な契約の方式
　前述した捺印証書の方式があります。
　詳しくは、第2章21必要最小限の英米契約法の知識（捺印証書）を参照してください。

④契約書の部数
　契約書の部数は、日本の契約書と同様、通常は当事者の数と同じ部数を作成します。なお、英文契約書は、日本の契約書のように正本と副本を区別することはなく、それぞれを正本として扱います。つまり、全部がまとまって契約書を構成することになります。

■綴じ方と訂正■

◎契約書の綴じ方と割印

○左端を綴じる
（バインダーで綴じることもある）。

○割印はしない。
（ただし、以下のように各ページの右下にイニシャルのサインをすることはある）

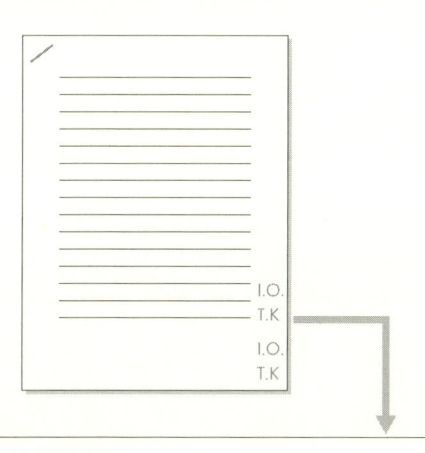

I.O.
T.K
I.O.
T.K

◎訂正の方法

sixty　60
Within ~~ninety~~ (~~90~~) days after the end of each calendar year, the Licensee shall
pay to the Licensor all royalties due under Section 7 for the relevant calendar year.

I.O.
T.K.

第4章◎英文契約書の書き方

PART2
ケースで学ぶ英文契約書

1 レター・オブ・インテント

◎──レター・オブ・インテントの基本構成

レター・オブ・インテント（予備的合意書）は、通常、レター形式で、基本的な構成は次のようになっています。

(1) 基本的に合意した事項
(2) 一般条項（秘密保持、準拠法、完全条項など）
(3) 効力条項（当事者を拘束しないことの確認）

また、たとえば本書に掲載している株式購入契約の予備的合意書であれば、具体的には次のような構成になります。

```
1 表題
2 前文
3 本文
    i 株式購入契約（第1項）
    ii 対価（第2項）
    iii クロージング日および条件（第3項）
    iv アクセス（第4項）
    v 秘密保持（第5項）
    vi 独占性（第6項）
    vii 諸費用（第7項）
    viii 準拠法（第8項）
    ix 完全条項（第9項）
    x 効力（第10項）
3 契約書末尾
4 署名
```

◎──**ポイント**
　注意すべきポイントは、基本的に合意したことをもれなく記載するとともに、レター・オブ・インテントの内容が、一定の条項（秘密保持条項など）を除いて、本契約が締結されるまでは、当事者を拘束しないことを明記すべきことです（第10項参照）。

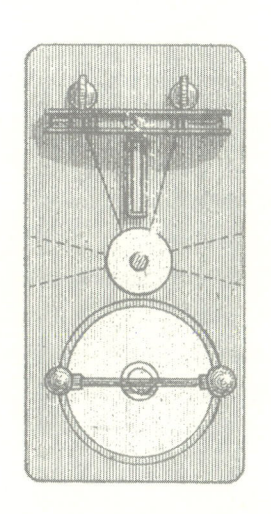

契約書

Letter of Intent

April 1, 2002

Japan Product Co., Ltd.
3-22, Toranomon 2-chome
Minato-ku, Tokyo 105-0001
Japan

Gentlemen:

This letter sets forth the basic terms and conditions of a proposal by American Manufacturing Inc. ("Buyer"), to acquire from Japan Product Co., Ltd. ("Seller"), all of the capital stock of Target Corporation ("Target"), now wholly owned by Seller and currently consisting of one hundred percent (100%) of the issued and outstanding capital stock of Target (the "Stock").

The basic terms and conditions are as follows:

1 Stock Purchase Agreement

The parties will negotiate in good faith toward execution of a stock purchase agreement (the "Agreement") to be executed on or before June 30, 2002, which will be prepared by Buyer. Pursuant to the Agreement, Buyer or an entity to be designated by Buyer would agree, subject to the terms and conditions of this Letter of Intent, to acquire the Stock, free and clear of all liens and encumbrances.

日本語訳

予備的合意書

2002年4月1日

〒105-0001
日本国東京都港区虎ノ門2-3-22
ジャパン・プロダクト株式会社

拝啓
　本書簡は、アメリカン・マニュファクチャリング・インク（「買主」）が、ジャパン・プロダクト株式会社（「売主」）から、売主がその全発行済株式を現在所有しているターゲット会社（「ターゲット社」）の全発行済株式（「本件株式」）を取得するために、提案された基本的条件を定めたものである。
　その基本的条件は、以下のとおりとする。

1　株式購入契約

　当事者は、2002年6月30日までに締結する予定の株式購入契約（「本契約」）の締結に向けて、誠実に交渉する。本契約書は買主が作成する。本契約に従って、買主または買主が指名する者は、この本書簡の条件に従って、本件株式をなんらの担保権または負担なくして取得することに同意する。

ワード＆ポイント

①the issued and outstanding capital stock…発行済み（the issued）で、現存する（outstanding）発行会社によって買い戻されていない株式（自己株式を除く趣旨）を意味します。
②terms and conditions…「（契約や取引の）条件」の意味です。英文契約書でよく使われます。
③subject to…「～に従って」「～の下で」の意味です。
④free and clear (of all liens and encumbrances)…先取特権や担保権、その権利行使を制限する第三者の権利などから、自由で制約を受けていないことを意味します。

|契約書|

2 Consideration

The aggregate consideration to be paid to Seller by Buyer for the Stock (the "Purchase Price") would be one billion five million hundred billion Yen (¥1,500,000,000).

3 Closing Date and Conditions

The parties expect to complete due diligence and close the proposed transaction by August 31, 2002. Closing on the transaction as contemplated by the Agreement will be subject to the following conditions, among others:

(a) Satisfactory completion by Buyer, at its sole discretion, of its due diligence investigation of Target and its business and assets, including without limitation, a review of Target's financial, accounting and legal records.

(b) The employees of Target designated by Buyer entering into an employment agreement or such other assurances of continued employment with Target as Buyer deems satisfactory.

(c) Receipt at closing of the resignations of the current directors from the Board of Directors of Target to take effect immediately following closing.

(d) Receipt of all contractual and governmental consents and approvals necessary in connection with the proposed transaction.

(e) Negotiation and execution of a mutually satisfactory non-competition agreement between Buyer and Seller, relating to the business conducted by Target.

日本語訳

2　対価

本株式の対価として、買主から売主に対して支払われる対価の合計（「本件購入価格」）は、15億円とする。

3　クロージング日および条件

両当事者は、2002年8月31日までに、デューディリジェンス（企業精査）を完了して、提案された取引を決済する予定である。本契約が意図している取引の決済は、とりわけ以下を条件とする。

(a) 買主が、その単独の裁量で、ターゲット社ならびにその事業、および資産のデューディリジェンス調査（ターゲット社の財務、会計、法的記録の精査を含むが、これに限らない）を、納得できる程度、終了したこと。

(b) ターゲット社の従業員で、買主が指名した従業員がターゲット社との間に雇用契約を締結するか、買主が満足すべきその他のターゲット社との継続した雇用を保証するものをなすこと。

(c) クロージング後、ターゲット社の在任中の取締役の辞任届をクロージングにおいて受領すること（その辞任届はクロージング後ただちにその効力を発生するものとする）。

(d) 申し込んだ取引に関して、必要な契約上のまたは政府のすべての同意および承認を受領すること。

(e) ターゲット社の営む事業に関して、買主と売主との間で、相互に満足する不競合契約を交渉し、締結すること。

ワード＆ポイント

①consideration…約因と訳されますが、対価の意味です。
②due diligence…ここでは、対象となっている企業が、法律上、営業上、財務上、問題になる事由を有していないかどうか、調査・精査する意味です。
③closing…当該取引の決済の意味で、代金の支払いや株券の交付など、当事者の主要な債務の履行により、当該取引を完了させることを意味します。
④at its sole discretion…「裁量によって、自由に決定する」の意味で、その裁量がまったく自由で、誰からも指図されないことを強調するために、"sole"が使われています。at its absolute (and sole) discretionも、同じような意味で使われます。

1 ● レター・オブ・インテント

契約書

(f) Target conducting its business only in the usual and ordinary course and consistent with past practice and not, without Buyer's prior written consent: (i) making any material change in the business practices of Target; or (ii) incurring any material liability, entering into any employment agreement, paying any bonus to an employee or declaring or paying any dividend; or (iii) selling, licensing, distributing or otherwise disposing of any of its assets (other than in the ordinary course of business) ; and/or (iv) issuing or selling any capital stock or other corporate security or entering into any loan transaction or guaranteeing the obligations of any third party, or committing or negotiating to do any of the foregoing.

(g) The absence of any material adverse change in the financial condition or business of Target prior to the closing date.

(h) The approval of the Agreement and all related agreements and the transaction by the Boards of Directors of Buyer and Seller.

4 Access

Seller agrees to cause Target to permit Buyer and its representatives full access to the assets, facilities, personnel and books and records of Target through the closing date; provided that, until the Agreement is signed by both parties, without the prior written consent of Seller, Buyer may not interview the employees of Target. However, Seller will provide Buyer with access to all employment and personnel records relating to Target employees.

日本語訳

(f) ターゲット社は、過去の業務とかけ離れない日常業務のみを行い、買主の事前の書面による同意なくして、以下の行為を行わないこと：

(i) ターゲット社の業務に実質的な変更をもたらすこと；

(ii) 相当な債務を負担し、雇用契約を締結し、従業員にボーナスを支払いまたは配当を支払うこと；

(iii)（通常の業務で行われるもの以外の）ターゲット社の資産の売却、ライセンス付与、分配、またはその他の処分をすること；および／または、

(iv) 株式もしくはその他の有価証券の発行もしくは売却、金銭消費貸借取引、もしくは第三者の債務の保証、またはそのような行為を約束し、もしくは交渉すること。

(g) クロージング日前のターゲット社の財務状態、または業務に実質的で、かつ不利な変更がないこと。

(h) 買主および売主の取締役会による本契約、および関連する全契約ならびに当該取引の承認。

4 アクセス

売主は、ターゲット社をして、買主およびその代表者が、クロージング日まで、ターゲット社の資産、施設、職員、帳簿および記録にアクセスすることを許可させることに同意する。ただし、本契約が当事者により締結されるまでは、売主の事前の書面による同意なくして、買主はターゲット社の従業員にインタビューできないものとする。しかし、売主は、ターゲット社の従業員に関するすべての雇用記録および個人記録を

ワード＆ポイント

①material…"material"は、「重大な」「相当な」「実質的な」「当該取引に影響をおよぼすような」の意味で、あいまいな語句ですが、英文契約書ではよく使われます。

②full access to…被買収会社の資産、施設、職員、帳簿や記録になんら制約なく接触できて、調査できることを意味します。

5 Confidentiality

Buyer will hold in confidence all written information disclosed to it pursuant to such investigation, except any information that
(a) was or is in the public domain, (b) was previously known to Buyer before the start of our discussion, (c) thereafter becomes generally available to the public other than through the action of Buyer, or (d) is obtained by Buyer in good faith from a third party who is not obligated to Seller to maintain the confidentiality of such information. If the Agreement is not executed, or the closing is not consummated, Buyer will maintain the confidentiality of such information for a period of three (3) years from the date this Letter is signed by Seller, and destroy all such written information in the possession of Buyer.

6 Exclusivity

Upon execution of this Letter of Intent by Seller and continuing for a period of one hundred twenty (120) days thereafter, Seller and its representatives will negotiate exclusively with Buyer and its representatives with regard to any sale, transfer or other disposition of the Stock by Seller. Further, neither Seller nor any of its representatives will negotiate, or enter into, or permit Target to negotiate or enter into any agreement or understanding with any other person or entity as to any sale of Stock or other securities, any merger of other business combination involving Target, and/or any sale of Target's business or assets, without the prior written consent of Buyer. Notwithstanding the foregoing, Seller will not be bound by the restrictions contained in this Section 6 if Buyer terminates negotiations relating to its purchase of the Target Stock prior to the expiration of said one hundred twenty (120) day period.

日本語訳

5　秘密保持

買主は、ターゲット社の調査において開示されたすべての書面による情報の秘密を保持するものとする。ただし、以下の情報は含まれないものとする：（a）公知の情報；（b）当事者の本件取引についての協議開始前に買主が知っていた情報；（c）協議開始後、買主の行為によらずして公知となった情報；または、（d）売主に対して秘密保持義務を負わない第三者から買主が善意で取得した情報。本契約が締結されなかった場合、または当該取引が完了しなかった場合は、買主は、売主が本書簡に署名した日から3年間は、かかる情報の秘密を保持し、買主が保有するかかる情報の書面をすべて破棄するものとする。

6　独占性

売主が本書簡に署名しだい、その後120日間は、売主およびその代表者は、ターゲット社の株式の売主による売却、移転またはその他の処分に関して、買主およびその代表者とのみ交渉するものとする。さらに、売主およびその代表者は、買主の書面による事前の同意なくして、本件株式の売却、ターゲット社を含んだ合併もしくは企業再編、および／またはターゲット社の事業もしくは資産の売却に関して、他の者と交渉せず、いかなる契約書も了解書も締結せず、またターゲット社をして、そのような行為をさせないものとする。上記の定めにかかわらず、上記の120日の期間満了前に、買主が本件株式の購入に関する交渉を打ち切ったときは、本第6項に定める制限に拘束されないものとする。

ワード＆ポイント

①in the public domain…「公の領域」の意味で、ここでは「公知」を意味します。
②in good faith…「善意で」「誠実に」の意味です。あいまいな語句ですが、ここでは「不法または不正な手段によらないで」を意味します。
③and/or…「および、または、もしくは」の意味で、"A and/or B"は「AおよびB、またはAもしくはB」を意味します。

契約書

7 Costs and Expenses

Buyer and Seller will bear their own respective costs and expenses incurred in connection with the transactions contemplated by this Letter of Intent and will each indemnify the other against any claims of any brokers or finders claiming by, through or under, the indemnifying party.

8 Governing Law

This Letter of Intent will be governed by the laws of the State of California, U.S.A.

9 Merger

This Letter of Intent supersedes all prior discussions or negotiations between the parties relating to the subject matter hereof.

10 Effect

It is understood that this is only a Letter of Intent outlining and evidencing the general discussions between the parties and not an offer or agreement by Buyer to acquire the Target Stock from Seller. However, the obligations of the parties under Sections 5 and 6 are binding and will remain in effect in accordance with their terms. Except for such obligations under said Sections 5 and 6, <u>this Letter of Intent is not binding upon and creates no rights or obligations of either Buyer or Seller.</u>
　　① 当事者を拘束しないということ

日本語訳

7 諸費用

買主と売主は、本書簡で意図される取引に関して、それぞれが支出した諸費用を各自負担し、ブローカーまたは仲介者の一方の当事者に対する報酬請求に関して、他の当事者になんら損害を被らせないようにするものとする。

8 準拠法

本書簡の準拠法は、米国カリフォルニア州法とする。

9 完全条項

本書簡は、本契約の対象となる事由に関して、当事者間の今までのすべての協議または交渉に取って代わるものである。

10 効力

本書簡は、当事者間の全般的な協議を略述し、証したレター・オブ・インテントに過ぎず、買主による売主からターゲット社の株式の取得の申し込みでも、買主の合意でもないものと、当事者間で了解されている。しかし、第5項および6項にもとづく当事者の義務は、当事者を拘束し、その定めのとおり効力を有するものである。当該第5項および6項の義務以外は、本書簡は、買主または売主のいずれも拘束せず、その権利もしくは義務のいずれも創設しない。

ワード＆ポイント

①said…「上記」の意味で、前に出ている第5項と第6項という意味でsaidが使われています。

契約書

If the foregoing accurately reflects our mutual understanding, please acknowledge your acceptance by executing⑴ this Letter of Intent and returning it to the undersigned.

      Very truly yours,
      AMERICAN MANUFACTURING, INC.

      By:_____
        (Name)
        (Title)

The foregoing letter is accepted
and agreed to:

JAPAN PRODUCT CO., LTD.

By : _____
Name : _____
Title : _____
Date : _____

日本語訳

　上記が、貴社と当社の相互の了解事項を正確に記しているものであれば、本書簡に署名され、下記に署名の者にご返却されることで、貴社の承諾をご確認ください。

敬具

アメリカン・マニュファクチャリング・インク

　　　　　　　　　　　　　　　　　　＿＿＿＿＿＿＿＿＿＿＿＿＿
　　　　　　　　　　　　　　　　　　　（署名）
　　　　　　　　　　　　　　　　　　　（氏名）
　　　　　　　　　　　　　　　　　　　（タイトル）

上記書簡を承諾し、
合意する。

ジャパン・プロダクト株式会社

　＿＿＿＿＿＿＿＿＿＿
　　（署名）
　　（氏名）
　　（タイトル）

日付：

ワード&ポイント

①executing…いろいろな意味で使われますが、ここではこのレター・オブ・インテントへの「署名（捺印）」を意味します。

2 秘密保持契約

◎──秘密保持契約の基本構成

秘密保持契約の基本的な構成は、一般的には次のようになっています。

```
1 表題・前文
2 定義（第1条）
3 本体条項
  i 秘密情報の定義とその例外
  ii 秘密保持義務（第2条）
  iii 秘密情報・資料の返還（第3条）
  iv 契約期間（第4条）
4 一般条項
  i 救済手段（第5条）
  ii 修正・放棄（第6条）
  iii 準拠法・裁判所管轄（第7条）
5 契約書末尾
6 署名
```

◎──ポイント

秘密保持義務の対象である秘密情報の定義が明確かどうかがポイントです。また、当事者がいつまで秘密保持義務を負うかどうかをチェックすべきです。

本書の実例では、秘密情報は、開示されたときに「秘密情報」と表示されたものに限定されています（1 Definition 参照）。また、契約終了後5年間、秘密保持義務を負うことになっています（4 Term 参照）。

20 秘密保持契約

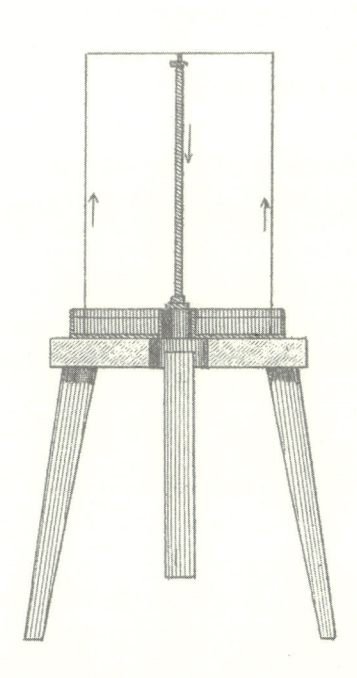

契約書

CONFIDENTIALITY AGREEMENT

American Manufacturing Inc. (hereinafter, "American") and Japan Industries Co., Ltd. (hereinafter, "Japan Co.") enter into this confidentiality agreement (hereinafter "Agreement") relating to the confidentiality of information to be provided by each party (in such capacity, the "disclosing party") to the other party (in such capacity, the "receiving party") for the purpose of Japan Co.'s analyzing and evaluating a certain chemical agent manufactured, used and sold by American (hereinafter, the "Chemical Agent") for possible manufacturing and marketing of the Chemical Agent by Japan Co. in Japan under the following terms and conditions.

Article 1 Definition

"Information" used in this Agreement shall mean any and all information disclosed by the disclosing party to the receiving party in writing or other tangible form marked as "confidential information", which relates to the subject matter of this Agreement. Information initially disclosed in non-written or non-tangible form and considered to be confidential information must be reduced to written form, marked as indicated above and delivered to the receiving party within thirty (30) days of the non-written or non-tangible disclosure in order to be considered Information.
However, the following shall not be considered Information:

日本語訳

秘密保持契約書

　アメリカン・マニュファクチャリング・インク（以下、「アメリカン社」という）と、ジャパン工業株式会社（以下、「ジャパン社」という）は、アメリカン社が製造し、使用し、販売している化学薬品（以下、「化学薬品」という）のジャパン社による日本における製造とマーケティングの可能性のために、本件化学薬品を分析し、評価する目的で各当事者から相手方当事者に提供される本件情報に関し（以下、情報の提供者を「開示当事者」、情報の受領者を「受領当事者」という）、秘密保持契約（以下、「本契約」という）を以下の条件の下で締結する。

第1条　定義
　本契約でいう「本件情報」とは、書面または有体物の交付によるかを問わず、「秘密情報」と表示され、開示当事者から受領当事者に開示されたすべての情報で、本契約の対象事項に関するものをいう。書面または有体物以外の形式で開示された本件情報で、秘密情報とみなされるものは、「本件情報」とみなされるために、書面または有体物以外で開示されてから30日以内に、書面で秘密情報と表示されて、受領当事者に交付されなければならない。
　ただし、下記の情報は、「本件情報」とはみなされない。

ワード＆ポイント
①other tangible form…「他の有形な方式」の意味で、たとえば情報が含まれたパソコンのフロッピーやCDがこれに含まれます。
②initially disclosed in non-written or non-tangible form…「書面や有体物以外の方法により開示された」の意味です。つまり、一般に口頭で開示された情報を意味します。

契約書

(1) Information which is in the public domain at the time it was disclosed by the disclosing party to the receiving party;

(2) Information which, after being disclosed by the disclosing party to the receiving party, becomes part of the public domain through no fault of the receiving party;

(3) Information which the receiving party can demonstrate was lawfully in the receiving party's possession at the time it was disclosed by the disclosing party to the receiving party;

(4) Information which is disclosed to the receiving party by a third party having the lawful right to disclose it; or

(5) Information the disclosure of which is required by any law or regulation, governmental agency, or any regulation of a stock exchange (or a securities dealers association), provided that the receiving party has given prior written notice to the disclosing party of such disclosure and has made a reasonable attempt to ensure that the relevant organization has limited disclosure and use of the Information so disclosed.

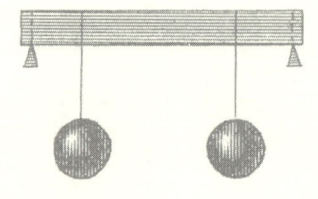

日本語訳

（1）開示当事者から受領当事者に開示された時点で、公知の本件情報

（2）開示当事者から受領当事者に開示された後、受領当事者の過失によらず公知となった本件情報

（3）開示当事者から受領当事者に開示された時点で、受領当事者が適法に保有していたことを受領当事者が証明することのできる本件情報

（4）法律上開示する権利を有する第三者によって、受領当事者に対し開示されている本件情報、または

（5）法令・政府機関および証券取引所規則（または証券業協会規則）によって、開示が必要とされている本件情報。ただし、受領当事者が、かかる開示につき、開示当事者に対し事前の書面による通知を行い、その当該機関が開示された本件情報の開示範囲および使用範囲を限定するよう合理的な努力を行ったことを条件とする。

ワード&ポイント

①lawfully in the receiving party's possession…「合法的に受領当事者が保有するにいたった（情報）」の意味です。

契約書

Article 2　Confidentiality

The receiving party agrees that it shall use all Information obtained from the disclosing party only for the purposes stipulated in this Agreement, and shall not disclose such Information to any third party without the disclosing party's prior written consent, except that such Information may be disclosed to the receiving party's directors, officers, statutory auditors and employees, legal counsel, certified public accountants and other professional advisors to the extent necessary for the purposes of this Agreement.

In the event that the receiving party discloses to a third party, including such receiving party's directors, officers, statutory auditors and employees, legal counsel, certified public accountants and other professional advisors, any Information obtained from the disclosing party, such receiving party shall ensure that the third party abides by the confidentiality and non-use obligations under this Agreement and shall be responsible for any breach of the confidentiality and non-use obligations by such third party.

Article 3　Return of Information

The receiving party shall, upon request of the disclosing party, promptly return to the disclosing party all the Information disclosed by such disclosing party, including all copies thereof in whatever forms.

日本語訳

第2条　秘密保持

　受領当事者は、本契約に規定された目的のためのみに開示当事者から取得したすべての本件情報を用い、開示当事者の事前の書面による同意なくして、本件情報を第三者に開示しないものとする。ただし、本契約の目的として必要な限度で、本件情報を受領当事者の取締役、役員、監査役、従業員、法律顧問、公認会計士およびその他の専門的アドバイザーに対し、開示する場合を除く。

　受領当事者が、受領当事者の取締役、役員、監査役、従業員、法律顧問、公認会計士およびその他の専門的アドバイザーを含む第三者に対し、開示当事者から取得した本件情報を開示した場合、受領当事者は本契約にもとづく秘密保持および目的外使用禁止義務をかかる第三者に遵守させるようにするものとし、かかる第三者が秘密保持および目的外使用禁止義務に違反したことについて責任を負うものとする。

第3条　本件情報の返還

　受領当事者は、開示当事者の要求がありしだい、開示当事者から開示された本件情報（いかなる形式であろうとも、すべての写しを含む）を開示当事者にただちに返還するものとする。

ワード＆ポイント

①non-use obligations…「（秘密情報を本契約の目的以外の目的で）使用しない義務」を意味します。

> 契約書

Article 4　Term

This Agreement shall be effective as of the date below （hereinafter, the "Effective Date"）. This Agreement shall terminate five （5） years following the Effective Date of this Agreement.

Article 5　Remedies

The receiving party hereby acknowledges that any breach of the obligations under this Agreement by such receiving party or a third party which receives any Information from such receiving party will result in irreparable injury to the disclosing party and that remedies available at law for such a breach may be inadequate. The receiving party agrees and consents that the disclosing party, in addition to all other remedies available to it at law and/or in equity, shall be entitled to seek both preliminary and permanent injunctions to prevent and/or halt any breach or threatened breach of the obligations under this Agreement by such receiving party or such third party.

Article 6　Amendment and Waiver

No amendment, modification or supplement of this Agreement shall be binding unless executed in writing by all parties hereto. No waiver by any party of any of the provisions of this Agreement will be deemed, or will constitute, a waiver of any other provision, whether or not similar, nor will any waiver constitute a continuing waiver.

日本語訳

第4条　契約期間
　本契約は、下記の日付の日（以下、「効力発効日」という）に効力が発生する。本契約は、本契約の発効日から5年後に終了するものとする。

第5条　救済
　受領当事者は、受領当事者または本件情報を入手した第三者が本契約上の義務に違反し、開示当事者にとって回復しがたい損害が発生した場合、かかる違反に対する法による救済が十分でない場合が生じることを認めている。受領当事者は、受領当事者またはかかる第三者の本契約上の義務の違反または違反の危険に対し、開示当事者が、法によるその他すべての救済に加え、違反を除去し、違反を事前に差し止める仮処分命令または恒久的差し止め命令を求めることができることに合意している。

第6条　修正および放棄
　本契約の修正・変更・補足は、両当事者の書面によってなされないかぎり、拘束力を有しないものとする。各当事者による本契約のある規定に関する放棄が、他の規定（類似の規定かどうかを問わない）の放棄とみなされたり、あるいは他の規定の放棄を構成したりするものではなく、いかなる放棄も継続した放棄とならないものとする。

ワード&ポイント
①irreparable injury…「回復できない損害」を意味します。つまり、秘密情報は、いったん第三者に開示されてしまうと、その秘密性を保つことができないので、回復できない損害を被るということです。
②at law and/or in equity…英米法には2つの法体系—at law（コモン・ロー）とin equity（衡平法）があり、その救済手段も異なります（前者は損害賠償、後者は差止請求など）。

> 契約書

Article 7　Governing Law and Jurisdiction

This Agreement shall be governed by and construed in accordance with the laws of the State of California, U.S.A.　The party hereby irrevocably submits to the jurisdiction of the court of the State of California, U.S.A. with respect to any disputes arising in connection with this Agreement.

IN WITNESS WHEREOF, the parties hereto have made this Agreement in duplicate, have affixed their seals or signatures to their names shown below and shall retain one original each hereof.
May __, 2002

　　　　　　　　　　　　　　　　_____
　　　　　　　　　　　　　　　　[Name]
　　　　　　　　　　　　　　　　[title] President
　　　　　　　　　　　　　　　　American Manufacturing Inc.

　　　　　　　　　　　　　　　　[Name]
　　　　　　　　　　　　　　　　[title] Representative Director
　　　　　　　　　　　　　　　　Japan Industries Co., Ltd.

日本語訳

第7条　準拠法・管轄裁判所

　本契約は、米国カリフォルニア州法を準拠法とし、米国カリフォルニア州法によって解釈されるものとする。当事者は、本契約に関連する紛争については、米国カリフォルニア州の裁判所の管轄に服することに取消不能の条件で合意する。

　以上を証するため、両当事者は本契約を2部作成し、各当事者は下記のとおり本契約書に記名捺印または署名し、各1部を保有するものとする。

　2002年5月＿＿日

　　　　　　　　　　　_____
　　　　　　　　　　　[氏名]
　　　　　　　　　　　[役職]　社長
　　　　　　　　　　　アメリカン・マニュファクチャリング・インク

　　　　　　　　　　　_____
　　　　　　　　　　　[氏名]
　　　　　　　　　　　[役職]　代表取締役
　　　　　　　　　　　ジャパン工業株式会社

3 国際売買契約

◎──国際売買契約の基本構成

国際売買契約書の構成は、具体的には次のような構成になります。

```
1  表題・前文
2  定義
3  本体条項
   i   購入・売渡（第1条第1項）
   ii  注文（第1条第2項）
   iii 承諾（第1条第3項）
   iv  注文取消（第1条第4項）
   v   価格（第1条第5項）
   vi  支払（第1条第6項）
   vii 納入（第1条第7項）
   viii 所有権と危険負担（第1条第8項）
   ix  保証制限（第1条第9項）
   x   責任制限（第1条第10項）
   xi  検査（第1条第11項）
   xii 契約期間（第2条第1項）
   xiii 契約解除（解約）（第2条第2項）
4  一般条項
   i   当事者間の関係（第3条第1項）
   ii  契約等の譲渡（第3条第2項）
   iii 不可抗力（第3条第3項）
   iv  権利放棄（第3条第4項）
   v   通知（第3条第5項）
   vi  可分性（第3条第6項）
   vii 準拠法・裁判管轄地（第3条第7項）
```

> ⅷ 言語
> ⅸ 完全合意条項
> 5　契約書末尾
> 6　署名

◎──ポイント

国際売買契約書の各条項におけるポイントは、それぞれ次のとおりです。

1　前文

契約の日付、当事者会社の名前、設立準拠法および主たる事務所の所在地がまず書かれ、次いで契約にいたった事情が述べられます。

2　定義

契約書でよく使われる語句が定義されています。ただし、本書の実例には定義条項はありません。

3　売買の条件

本体条項で売買の条件が定められています。売買の対象物の特定およびその仕様とその他の売買条件（価格、数量など）を明確に規定することが必要です（1.5 Price 参照）。とくに、売買価格の変更については、どのような方法で、いつその効力が発生するのか、契約で明確にしておくべきです（本書の実例では、売主が書面で承認しないと取消の効力は発生しないことになっています）。

4　注文と承諾

個別の売買の注文の方法とその承諾について定めています。とくに、いつの時点で個別契約が成立するのか、契約書で明確にしておくべきです（1.3 Acceptance 参照：実例では、売主の書面による承認があって、個別契約が成立することになっています）。また、いかなる場合に注文の取消が

できるのかも明確にしておくべきです（1.4 Order Cancellations 参照）。

5　支払い
支払いの方法が定められています。国際売買では、通常、信用状が使われ、売主の代金の確保が図られるようになっています（1.6 Payment《a》参照）。

6　納入
どこで商品を引き渡すのか、その運送方法や、その運送の手配をだれがするかについて明確に定めておくべきです（1.7 Delivery 参照）。インコタームズが適用される場合、そこで定義された語句を使えば、運送方法などの内容が定まります（本書の実例では、FOBが使われています。143ページ参照）。

7　所有権と危険負担
いつ商品の所有権、および危険負担が売主から買主に移転するかを定めます（1.8 Title and Risk 参照：実例では、商品が船の手すりを通過した時点で移転することになっています）。危険負担が買主に移転した後、商品が売主の過失によらず滅失したときは、買主は売主に対してその代替物等を請求することはできません。

8　保証・責任制限
売主が売り渡した商品等について、どのように保証し、またその商品の欠陥等によって買主が損害を被ったときに、売主がどこまで責任を負うかを定めた規定です（1.9 Limited Warranty, 1.10 Limitation of Liability 参照）。売主は、当然、その保証と責任をなるべく狭くしようとしてきます。買主は、どこまで売主に責任を負ってもらうか明確にすべきです（実例では、保証の範囲は売主の仕様書の内容に限定され、責任も売買金額に限定されています）。

9　検査

売り渡した商品に欠陥があった場合、売主は代替品を提供したり、欠陥を修理する義務を負います。ただし、売主がいつまでもそのような義務を負うとすると、売主の地位は不安定になりますから、買主に対して、その商品を受領してから一定期間内に検査をして欠陥の有無を売主に通知することを義務づけているのが一般的です（1.11 Inspection/Limitation of Actions 参照）。

その検査の基準と検査・検査の結果通知の期間を明確にしておくべきです（実例では、商品到達後10日以内になっています）。

10　一般条項

一般条項については、前述の一般条項のチェックポイントを参照してください。不可抗力、通知、準拠法、裁判管轄地等が、とくに注意すべき条項です。

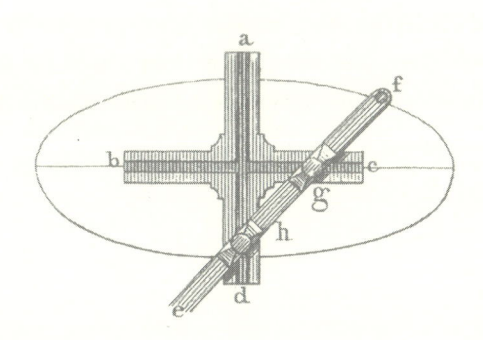

契約書

SALES AGREEMENT

THIS AGREEMENT is made and entered into as of this day of April 1, 2002, by and between American Manufacturing Inc., a corporation organized and existing under the laws of the State of Delaware with its principal place of business at 110, East John Street, Los Angeles, California, U.S.A. (hereinafter referred to as "Seller"), and Japan Sales Co., Ltd., a corporation organized and existing under the laws of Japan with its principal place of business at 3-22, Toranomon 2-chome, Minato-ku, Tokyo 105-0001, Japan (hereinafter referred to as "Purchaser").

WHEREAS, Seller is engaged in, among other things, the business of manufacturing, marketing and distributing various kinds of electric and electronic equipment specified in Exhibit A attached hereto (hereinafter the "Products"); and

WHEREAS, Purchaser desires to purchase the Products from Seller; and

WHEREAS, Seller is willing to sell the Products to Purchaser upon the terms and subject to the conditions hereinafter set forth;

NOW, THEREFORE, for and in consideration of the premises and the mutual covenants and agreements herein contained the parties hereto agree as follows:

日本語訳

売買契約書

　本契約は、デラウェア州法にもとづいて設立され存続する会社で、その主たる事務所をアメリカ合衆国カリフォルニア州ロサンゼルス市イーストジョンストリート110番地に有するアメリカ・マニュファクチャリング・インク（以下、「売主」という）と、日本国の法律にもとづいて設立され存続する会社で、その主たる事務所を東京都港区虎ノ門2丁目3番地22号に有する日本販売株式会社（以下、「買主」という）との間において、2002年4月1日、締結されたものである。

　売主は、とりわけ本契約書に添付された別紙Aに記載された電子・電気機器（以下、「本件商品」という）の製造、販売および頒布に従事している。

　買主は、売主から本件商品を購入することを望んでいる。

　売主は買主に対し、本契約に定められた諸条件にもとづいて、本件商品を売り渡すことを望んでいる。

　よって、両当事者は、頭書記載事項と本契約上の相互の誓約と合意を約因（対価）として、本契約において、下記のとおり合意する。

ワード＆ポイント

①entered into…「(契約を) 締結する」の意味で使われます。
②hereinafter…"here"は、本契約書の意味ですから、「本契約書の以後の部分では」は、「以下」という意味になります。
③premises…いくつかの意味がありますが、ここでは「上記記載事項」の意味です。
④covenants…「約束」「契約」「誓約」の意味です。とくに、deed（捺印証書）の形式で作成される契約書を指すことがあります。
⑤herein、hereto…これらの"here"も本契約書の意味です。

契約書

Article 1 Purchase and Sale

1.1 Purchase and Sale

Upon the terms and subject to the conditions herein contained, Seller agrees to sell the Products to Purchaser and Purchaser agrees to purchase the Products from Seller.

1.2 Purchase Orders

During the term of this Agreement, Purchaser is entitled to issue to Seller purchase orders ("Purchase Orders") requesting the sale and delivery of the Products. All Purchase Orders shall be on forms supplied or approved by Seller and shall include, at a minimum, the following information:

(a) Quantity

Each Purchase Order shall specify the quantity of the Products to be purchased by Purchaser and delivered by Seller.

(b) Price

Each Purchase Order shall specify the price payable by Purchaser to Seller with respect to the ordered Products in accordance with the provisions of Paragraph 1.5 and 1.6 below.

(c) Delivery Schedule

Each Purchase Order shall specify the dates on which deliveries of the Products are requested, in one or more shipments.

日本語訳

第1条　購入および売渡

1.1　購入および売渡

　本契約で定められた諸条件にもとづいて、売主は買主に対し本件商品を売り渡すことに合意し、買主は売主から本件商品を購入することに合意する。

1.2　注文

　買主は売主に対し、本契約期間中、本件商品の売り渡しおよび納入を要請する注文（「本件注文」）をなす権利を有するものとする。すべての本件注文は、売主により提供されまたは承認された書式でなされ、少なくとも下記の情報を含むものとする。

（a）数量

　各本件注文は、買主が購入し売主が納入する本件商品の数量を明示するものとする。

（b）価格

　各本件注文は、下記の第1条第5項および第1条第6項に従って、注文された本件商品について売主に支払われるべき価格を明示するものとする。

（c）納期

　各本件注文は、一回の出荷またはそれ以上の回数の出荷で、本件商品の納入が要請される日を明示するものとする。

ワード＆ポイント

①is entitled to…「～する権利や権限がある」という意味で使われます。
②shall…英文契約書で典型的に使われる助動詞で、「～する義務がある」「～しなければならない」の意味で使われます。
③payable…「支払義務がある」の意味です。

契約書

1.3 Acceptance

All Purchase Orders submitted by Purchaser hereunder shall be subject to Seller's written approval and acceptance at its office in Los Angeles, California, U.S.A., and shall not be binding obligations of Seller unless and until Seller has issued a written order confirmation. All sales of the Products by Seller to Purchaser shall be subject to and include the terms and conditions of sale set forth herein and are expressly conditioned upon Seller's assent to any terms and conditions of sale contained in any Purchase Order submitted by Purchaser which are additional to or different from any terms or conditions of sale herein.

1.4 Order Cancellations

Sales are final upon Seller's issuance of a written order confirmation and may① not be cancelled or changed without the written approval of Seller. Seller reserves to its sole judgment and discretion when and under what circumstances it will approve any order changes and/or cancellations. Without limiting the generality of the foregoing, no Products may② be returned to Seller without Seller's prior written return authorization.

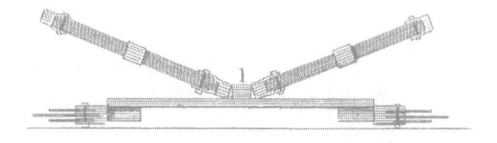

日本語訳

1.3 承諾

本契約上買主から出されるすべての本件注文は、米国カリフォルニア州ロサンゼルスの売主の事務所において書面にて承認および承諾されることを条件とし、売主が注文確認書を交付しなければ、拘束力のある売主の義務とはならないものとする。売主から買主に対する本件商品の売買はすべて、本契約上の売買条件にもとづき、それら売買条件を含むものとし、本契約上の売買条件に追加されるまたはそれと異なる買主の本件注文の売買条件は、売主の同意をとくに条件とする。

1.4 注文取消

本件売買は、売主による注文確認書の交付により確定したものとなり、売主の書面による同意なくして取消または変更されないものとする。いつ、いかなる場合に注文の変更および／または取消を認めるかについては、売主が唯一の判断または裁量の権利を有するものとする。前述の定めの一般性を制限することなく、売主の事前の書面による返品許可なくして、本件商品は売主に返品されることはないものとする。

ワード＆ポイント

①may…英文契約書では「〜することができる」の意味で使われます。
②without limiting the generality of the foregoing…「前述したものの一般性を限定することなく」の意味で使われます。売主の書面による許可がなければ本件商品は売主に返品されないわけですが、第1条4項に最初に記載されている売主の権利（売主の注文の取消・変更の同意権）は、返品の場合に限定されないことを意味しています。

契約書

1.5 Price

The price at which the Products are sold to Purchaser shall be set forth in the price list agreed between the parties effective at the time of receipt of the order by Seller. The price list applicable to the Purchase Orders received by Seller in the first year of this Agreement is attached hereto as Exhibit C. Seller reserves the right ① to alter or amend prices of the Products from time to time and at any time in its sole discretion; provided, however, that ② any such change shall not become effective with respect to ③ Purchaser until sixty (60) days after written notice thereof ④ is given to Purchaser.

1.6 Payment

(a) Unless otherwise agreed, Purchaser shall cause an irrevocable ⑤ and confirmed letter of credit, ⑥ without recourse, ⑦ available against Seller's draft at sight, ⑧ to be opened for each sale through a prime bank satisfactory to Seller at least thirty (30) days prior to ⑨ the dates of shipment stipulated therein.

(b) Payment for the Products shall be made in United States dollar.

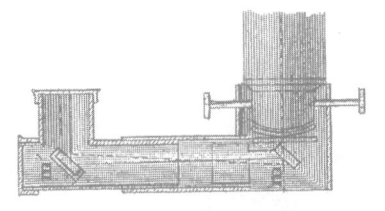

日本語訳

1.5 売買価格

本件商品の買主に対する販売価格は、売主が注文を受領したときに効力を有する両当事者が合意した価格表によるものとする。本契約の最初の1年間に売主が受領する本件注文に適用される価格表は、本契約に別紙Cとして添付されたものによる。売主は、適宜、かつ、いつでも、その単独の裁量により、本件商品の価格を変更または修正する権利を留保するものとする。ただし、いかなる本件商品の価格の変更も、その変更の書面による通知が買主になされてから60日間を経過するまでは、買主に対しその効力を生じないものとする。

1.6 支払い

（a）別途合意する場合を除いて、買主は、売主の一覧払いの手形に利用可能な売主が満足する主要銀行の遡求義務免除の取消不能・確認信用状を、その信用状に記載の出荷日の少なくとも30日前までに開設するものとする。

（b）本件商品の支払いは、米ドルでなされるものとする。

ワード&ポイント

①reserves the right…「権利を留保する（保持する）」の意味です。
②provided, however, that…但書の意味で使われます。
③with respect to…「〜について」「〜に関して」の意味で使われます。"in respect of" "with regard to"も同様です。
④thereof…"there"は、その前に出てきた語句を指します。ここでは、"such change"がそれにあたります。
⑤irrevocable…「取消不可能」の意味です。
⑥letter of credit…銀行等が国際貿易の買主の為替手形の支払いや引き受けを保証する信用状のことです。「L/C」と略されます。
⑦without recourse…「（手形の）遡求義務免除（償還請求義務のない）」の意味です。
⑧draft at sight…「一覧払手形」の意味です。
⑨prior to…「〜より前の」の意味で、通常、次の語句の後の日は含まれません。

契約書

1.7 Delivery

Except as the parties may otherwise agree in writing, all sales of the Products by Seller to Purchaser hereunder shall be made on the basis of F.O.B. Los Angeles, California, U.S.A. Delivery dates specified in Purchase Orders accepted by Seller hereunder shall be deemed to be estimates and not guaranteed. Subject to the provisions of Article 3.3 hereof, Seller will use its best efforts to deliver the Products by the requested delivery dates.

1.8 Title and Risk

The title to and risk of the Products shall pass from Seller to Purchaser at the time when the Products have effectively passed the vessel's rail at the port of Los Angeles, U.S.A.

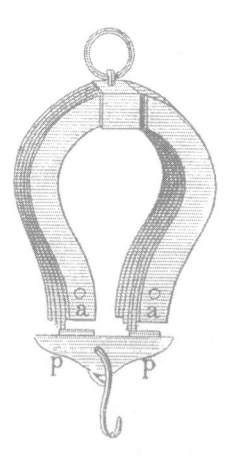

日本語訳

1.7　納入

　両当事者が書面で別段の合意をする場合以外は、本契約にもとづく売主から買主に対する本件商品の売り渡しは、すべて米国カリフォルニア州ロサンゼルス市でのF.O.B.の条件でなされるものとする。本契約上、売主により承諾された本件注文に定められた納入日は予定日であり、保証されたものではないとみなされるものとする。本契約の第3条第3項の規定の条件の下で、売主は、最善の努力を尽くして、その要請された納入日までに本件商品を納入するものとする。

1.8　所有権と危険負担

　本件商品の所有権および危険負担は、本件商品が米国ロサンゼルス港において本船の舷側手摺を実効的に通過した時点で、売主から買主に移転する。

ワード&ポイント

①F.O.B.…貿易条件の「本船渡条件」を指します。
②use its best efforts…「最善の努力を尽くす」の意味です。"efforts"以下の行為を必ずしなければならない義務はないが、最善の努力を尽くして、それを実行できるようにする義務を負うということです。これもあいまいな語句ですが、英文契約書ではよく使われます。
③risk…ここでは、法律用語の「危険負担」を意味します。売買契約が完了するまでに、当該品物が、事故などで滅失したときに、売主と買主のいずれが、その危険を負うか（損失を負担するか）という問題です。

契約書

1.9 Limited Warranty

Seller warrants that the Products sold hereunder will comply with the specifications set forth in Exhibit B to this Agreement. Except as expressly provided in this Paragraph 1.9, Seller makes no representations or warranties of any kind, nature or description, express or implied, with respect to the Products, including without limitation, any warranty of merchantability or fitness of the Products for any particular purpose and hereby disclaims the same.

1.10 Limitation of Liability

In no event shall Seller be liable to Purchaser, whether in contract or in tort or under any other legal theory, for lost profits or revenues, loss of use or similar economic loss, or for any indirect, special, incidental, consequential or similar damages arising out of or in connection with the sale, delivery, nondelivery, storage, use, maintenance, condition or possession of the Products, or for any claim made against Purchaser by any other party, even if Seller has been advised of the possibility of such claim. In no event shall Seller's liability under any claim made by Purchaser exceed the purchase price actually paid by Purchaser for the Products in respect of which such claim is made.

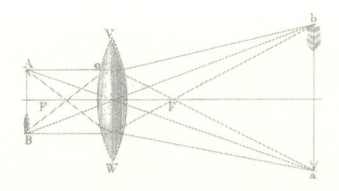

日本語訳

1.9　保証制限

　売主は、本契約上、売り渡された本件商品は、本契約書の別紙Bに定められた仕様に従ったものであることを保証する。この第１条第９項で明示に規定された以外に、売主は、本件商品に関して、明示または黙示に、いかなる種類、性質または記述の表明または保証（商品性または特定の目的のための本件商品の適合性の保証を含むがそれらに限られない）もなさず、本契約をもってそれらの表明または保証を拒絶するものである。

1.10　責任制限

　いかなる場合も、本件商品の売却、納入、未納入、保管、使用、保存、状態または占有に関し生ずる利益もしくは収入の損失、使用の損失もしくはそれらと類似の経済的損失についても、またはそれから生ずる間接損害、特別損害、付随的損害、結果損害もしくはそれらと類似の損害についても、または第三者から買主に対するいかなる請求についても、それが契約理論、不法行為理論またはその他の法理論にもとづくかどうかを問わず、また、たとえ売主がそのような請求の可能性につき通知されていたとしても、売主は買主に対して一切責任を負わないものとする。いかなる場合も、買主によりなされた請求に対する売主の責任は、その請求の原因となった本件商品につき、買主が現実に支払った売買代金を超えることはないものとする。

ワード＆ポイント

①Except as expressly provided in the Paragraph 1.9…「第1.9条で明示に定められているものを除いて」という意味です。
②representations or warranties…「（事実の）表明またはその保証」の意味です。
③including without limitation…「以下に列挙する事由を含むがそれだけに限定されない」の意味です。英文契約書でよく使われる表現です。
④merchantability…「商品性」「販売可能性」の意味です。
⑤disclaims the same… "the same"は、前に出てきた語句をさします。ここでは "warranty"も含んだ "representation or warranties"をさします。"disclaim"は「拒絶する」「否認する」の意味です。
⑥tort…「不法行為」の意味です。
⑦indirect, special, incidental, consequential or similar damages…「間接的損害」「特別損害」「付随的損害」「派生的損害」「それらと類似の損害」の意味です。

契約書

1.11 Inspection/Limitation of Actions

(a) Purchaser shall promptly inspect all Products upon arrival of Products at the port of destination provided hereunder. Anything herein to the contrary notwithstanding, to the extent that any defects, shortages or nonconformities in the Products are discoverable by inspection upon delivery of the Products to Purchaser, all obligations of Seller to Purchaser with respect to such defects, shortages or nonconformities shall be deemed to be satisfied, and all Products shall be deemed to be free of such defects, shortages or nonconformities, unless Purchaser notifies Seller of such defects, shortages, or nonconformities in writing not more than ten (10) days after the date of arrival of the Products.

(b) No action, regardless of form, arising out of or in connection with the sale of the Products hereunder (other than an action by Seller for any amount due to Seller from Purchaser) may be brought more than one (1) year after the cause of action has arisen.

Article 2 Term/Termination

2.1 Term

Unless sooner terminated in accordance with the provisions of Article 2.2 below, the term of this Agreement shall commence on the date hereof and shall continue in effect until terminated by either party upon sixty (60) days prior written notice.

日本語訳

1.11　検査・出訴制限

（a）買主は、本件商品が、本契約で定められた目的地の港に到着ししだい、ただちに本件商品をすべて検査するものとする。本契約のこれと抵触する定めにもかかわらず、本件商品の欠陥、不足または不適合性が本件商品の買主への納入時の検査により発見しうる場合は、買主が売主に対し、そのような欠陥、不足または不適合性を書面で、かつ本件商品の到着後10日以内に通知しなければ、その欠陥、不足または不適合性に関する売主の買主に対する一切の義務は満足されたものとみなされ、すべての本件商品はそのような欠陥、不足または不適合性を有しないとみなされるものとする。

（b）本契約上の本件商品の売買に関する訴訟（買主から売主に対して支払義務のある金銭のために、売主が提起する訴訟を除く）は、いかなる形式によるものも、その訴訟の原因が生じてから1年が経過した後には提起することができないものとする。

第2条　契約期間・契約解除（解約）

2.1　契約期間

本契約の契約期間は、下記の第2条第2項の規定により早期に解除（解約）されないかぎり、本契約締結時から始まり、いずれかの当事者が60日前までに書面による事前の通知をもって解約するまでその効力を有する。

ワード&ポイント

①action…ここでは「訴訟」の意味です。"cause of action"は「訴訟原因」の意味です。

| 契約書

2.2 Termination

Anything herein to the contrary notwithstanding, Seller shall have the right to terminate this Agreement immediately, and without any liability to Purchaser, upon the occurrence of any one or more of the following events:

(a) Any attempt by Purchaser to assign or otherwise transfer to any other person or entity all or any part of its rights under this Agreement or to delegate all or any part of its obligations under this Agreement without the prior written consent of Seller;

(b) The insolvency of Purchaser or any action causing Purchaser to avail itself of laws for the protection of debtors, including, without limitation, the appointment of a receiver or the like, a complete or partial moratorium on the payment of debt, a petition in bankruptcy or the like filed by or against Purchaser, or an assignment of all or any substantial portion of the assets of Purchaser for the benefit of its creditors; or

(c) The breach by Purchaser of any term or provision of this Agreement.

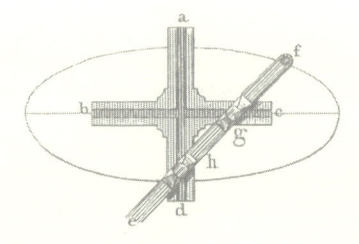

日本語訳

2.2 契約の終了解除（解約）

本契約のこれと抵触する定めにかかわらず、下記事由のいずれかが1つ以上発生したときは、売主は、なんら買主に対し責任を負うことなく、ただちに本契約を解除（解約）させる権利を有するものとする。

（a）売主の事前の書面による同意なくして、買主が本契約上の全部または一部の権利を第三者に譲渡しまたはその他の方法で移転しようとする場合、または本契約上の買主の義務の全部または一部を第三者に委託しようとする場合；

（b）買主の支払不能または買主に債務者保護の法律を利用させることになる行為（財産管理人またはそれと類似の者の任命、債務支払いの完全なるまたは一部の猶予、買主に対する第三者によるまたは買主自らによる破産申し立てもしくはそれと類似の申し立て、または買主の債権者のために買主の全部または重要な部分の資産を譲渡することを含むがそれらに限られない）；または

（c）買主による本契約の条項違反。

ワード＆ポイント

①anything herein to the contrary notwithstanding…"notwithstanding"は「〜にもかかわらず」の意味です。「本契約で異なる定めがあっても、それにもかかわらず」の意味です。
②assign…「譲渡」の意味です。名詞が、"assignment"です。
③otherwise transfer…「（譲渡以外の）その他の方法で移転する」ことを意味します。
④delegate…「委託する」「委任する」の意味で、ここでは「義務を第三者に引き受けさせること」を意味します。
⑤without the prior written consent…「〜の書面による事前の同意なくして（〜できない）」の意味です。英文契約書でよく使われる表現です。
⑥insolvency…「支払不能」の意味です。
⑦receiver…「（債権者のために任命される）債務者の財産の管理人」のことです。
⑧moratorium…「支払猶予」のことです。
⑨petition…「申立（書）」のことです。

2.3 Effect

Notwithstanding termination of this Agreement, the parties shall each remain liable to the other party for any indebtedness or other liability theretofore arising under this Agreement.

Article 3　Miscellaneous

3.1　Relationship of the Parties

The relationship between Seller and Purchaser shall be that of a seller and purchaser. Purchaser shall not be the agent of Seller and shall have no authority to act on behalf of Seller in any matter except in the manner and to the extent that Seller may expressly agree in writing. Persons retained by Purchaser as employees or agents shall not by reason thereof be deemed to be employees or agents of Seller. Purchaser agrees to indemnify and hold Seller harmless from and against any and all liability or expense arising by reason of <u>any act or omission</u>① of Purchaser or its employees or agents.

3.2　Assignment

Purchaser shall not assign this Agreement or all or any portion of its obligations hereunder, without the prior written consent of Seller.

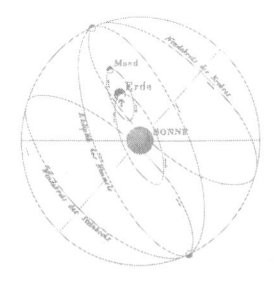

日本語訳

2.3　契約終了の効果

本契約の終了にもかかわらず、両当事者は、それぞれ本契約により生じた債務またはその他の責任について依然として他方の当事者に対し、その責めを負うものとする。

第3条　雑則

3.1　当事者の関係

売主と買主の関係は売主と買主の関係とする。買主は、売主の代理人ではなく、売主が書面で明示に合意した方法または範囲以外は、いかなる事項についても、売主を代理する権限を有しないものとする。買主により従業員または代理人として雇用された者は、その雇用により売主の従業員または代理人とみなされることはないものとする。買主は、買主またはその従業員もしくは代理人の作為または不作為により生じたすべての責任または費用につき売主を補償し、売主がなんら損害を被らないようにすることに合意する。

3.2　契約等の譲渡

買主は、売主の事前の書面による同意なくして、本契約またはその本契約上の義務の全部または一部を譲渡しないものとする。

ワード＆ポイント

①any act or omission…「作為または不作為」の意味です。

3.3 Force Majeure

Seller shall not be liable for any default or delay in performance if caused, directly or indirectly, by fire, flood, earthquake, acts of God, riots or civil disorder, unavoidable casualty, governmental order or state of war, accidents, interruptions of transportation facilities or delays in transit, supply shortages, failure of any party to perform any commitment to Seller relative to the production or delivery of the Products or any other cause, whether similar or dissimilar to the causes enumerated herein, beyond the reasonable control of Seller. Seller shall notify Purchaser of the happening of any such contingency within a reasonable period of time. If due to an excusable delay performance cannot be completed within the original period for performance, the period for performance shall be extended for a reasonable period of time to allow for completion of performance.

3.4 Waiver

No failure on the part of Seller to exercise, and no delay by Seller in exercising any right, power or remedy hereunder shall operate as a waiver thereof, nor shall any single or partial exercise of any rights, power or remedy by Seller preclude any other or further exercise thereof or the exercise of any other right, power or remedy. No express waiver or assent by Seller to any breach of or default in any term or condition of this Agreement shall constitute a waiver of or an assent to any succeeding breach of or default in the same or any other term of conditions hereof.

日本語訳

3.3　不可抗力

売主は、その不履行または履行遅滞が、直接または間接に、火災、洪水、地震、天災、暴動または国内混乱、不可避的事故災害、政府の戦争命令または戦争状態、事故、輸送機関の遮断または遅延、供給不足、本件商品の生産または納入に関する他の契約における売主に対する他の当事者の債務不履行、または売主の合理的な支配がおよばないその他の事由（本契約に列挙された事由と類似かどうかを問わない）によって生じた場合、それに対して責任を負わないものとする。売主は、買主に対し、相当な期間内にその偶発事由の発生を通知するものとする。その許容される履行の遅延の結果として、その履行が本来の予定期間内に完了できないときは、その期間はその履行を達成するのに必要な相当の期間分だけ延長されるものとする。

3.4　権利放棄

本契約上の権利、権限または救済手段の売主のいかなる未行使または行使の遅滞もそれらの放棄とみなされることなく、本契約上の権利、権限または救済手段の売主によるいかなる単独または一部の行使も、売主による以後のそれらの権利の別のもしくは追加の行使または他の権利、権限または救済手段の行使を妨げるものではないものとする。本契約の条項の違反または不履行に対する売主のいかなる権利の放棄または同意も、同じまたは他の条項の以後の違反または不履行に対する権利の放棄または同意となることはないものとする。

ワード＆ポイント

①Force Majeure…「不可抗力」の意味です。
②acts of God…「天災」「不可抗力」の意味です。
③reasonable period…"reasonable"は、契約書でよく使われます。ここでは、「通常、その履行を達成するのに必要と認められる期間」という意味ですが、ややあいまいな表現です。
④remedy…「（債務者の不履行に対する）救済手段（損害賠償など）」のことです。
⑤breach of or default…「（義務・債務）違反または不履行」の意味です。

契約書

3.5 Notices

All notices, requests, demands, Purchase Orders or other communications required or permitted to be given or made under this Agreement shall be in writing and delivered personally or sent by prepaid, first class, certified or registered air mail (or the functional equivalent in any foreign country), return receipt requested, or by telex or facsimile transmission to the intended recipient thereof at the address, telex number or facsimile number set forth below (or to such other address, telex number of facsimile number as a party may from time to time duly notify the other party). Any such notice, demand or communication shall be deemed to have been duly given immediately (if given or made by a confirmed telex or facsimile), or fourteen days after mailing (if made or given by letter), and in proving the same it shall be sufficient to show that the envelope containing the notice, demand or communication was duly addressed stamped and posted or that receipt of a telex message, or facsimile was confirmed by the recipient. Any party may change the address, telex number, or facsimile number to which notices, requests, demands or other communications to such party shall be mailed or sent by giving notice to the other party in the manner provided herein. The addresses, telex numbers and facsimile numbers of the parties for purposes of this Agreement are as follows:

日本語訳

3.5　通知

　本契約上、要求されまたは許容されるすべての通知、要請、要求、本件注文またはその他の通信は、書面により、かつ下記の住所、テレックスの番号またはファクシミリの番号（または当事者が他方の当事者に対し適宜適式に通知したその他の住所、テレックスの番号またはファクシミリの番号）の意図する受取人宛てに、実際に手渡されるか、あるいはその受領書返送の要請をして料金前払いの第１種の配達証明付き、または書留の航空郵便（または外国において同じ性質を有するもの）、またはテレックスもしくはファクシミリにより送られるものとする。そのような通知、要求、または通信は、もしそれが確認されたテレックスまたはファクシミリでなされた場合はただちに、もしそれが郵便に付された場合は投函されてから14日後に、それぞれ適法になされたものとする。そのようにみなされるためには、その通知、要求または通信を含んだ封筒に正しく宛名が書かれ切手が貼られて投函されたこと、あるいはテレックスまたはファクシミリの受領が受信者により確認されたことを証するのみで十分であるものとする。いずれの当事者も、ここに規定した方法で他方の当事者に通知することで、その当事者に対する通知、要求、要請またはその他の通信の宛先の住所、テレックスの番号またはファクシミリの番号を変更しうるものとする。本契約の目的のための当事者の住所、テレックスの番号およびファクシミリの番号は以下のとおりとする。

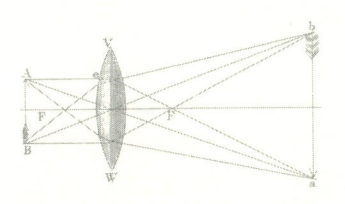

契約書

To Seller: America Manufacturing Inc.

Telex: _____
Answerback: _____
Telecopy No. _____

To Purchaser: Japan Sales Co., Ltd.

Telex: _____
Answerback: _____
Telecopy No. _____

3.6 Severability

All rights and restrictions contained herein may be exercised and shall be applicable and binding only to the extent that they do not violate any applicable laws and are intended to be limited to the extent necessary so that they will not render this Agreement illegal, invalid or unenforceable. If any term of this Agreement shall be held to be illegal, invalid or unenforceable by a court of competent jurisdiction, it is the intention of the parties that the remaining terms hereof shall constitute their agreement with respect to the subject matter hereof and all such remaining terms shall remain in full force and effect.

日本語訳

売主宛： アメリカ・マニュファクチャリング・インク

　　　　　　　　　　テレックス番号：
　　　　　　　　　　アンサーバック番号：
　　　　　　　　　　ファクシミリ番号：

買主宛： 日本販売株式会社

　　　　　　　　　　テレックス番号：
　　　　　　　　　　アンサーバック番号：
　　　　　　　　　　ファクシミリ番号：

3.6　可分性

　本契約上のすべての権利および制限は、いかなる適用法律にも違反しない範囲でのみ行使することができ、かつ適用され拘束するものとし、本契約を違法、無効または履行不能としないために必要な範囲に制限されるよう意図されるものとする。本契約のいずれかの条項が適法な管轄権を有する裁判所により違法、無効または履行不能と宣言された場合は、本契約の残りの条項は依然として本契約の対象事項に関する当事者間の契約を構成し、その残りのすべての条項は完全な効力を有するものとすることが両当事者の意図である。

ワード&ポイント
①be held to…「（裁判所により）～と判断（決定）される」という意味です。
②jurisdiction…ここでは「裁判管轄権」の意味です。
③in full force and effect…「完全に有効である」の意味です。

契約書

3.7 Governing Law and Forum

Regardless of the place of contracting, place of performance or otherwise, this Agreement and all amendments, modifications, alterations, or supplements hereto, and the rights of the parties hereunder, shall be construed and enforced in accordance with the laws of the State of California. If any claim or controversy arises between the parties under or relating to this Agreement, only the courts of the State of California shall have jurisdiction to hear and decide such matter. Purchaser hereby irrevocably (a) submits to the jurisdiction and venue of the courts of the State of California, including the federal courts located therein, in any action arising under or relating to this Agreement, (b) hereby waives any and all jurisdictional defenses Purchaser may have to the institution of any such action in any such court, and (c) constitutes and appoints the United States Corporation Company as its agent for service of process in any such action and agrees that service on such agent shall constitute service on Purchaser for all purposes.

3.8 Governing Language

Regardless of whether a copy of this Agreement is translated into another language, the official version shall be the English language version, which shall prevail in all cases.

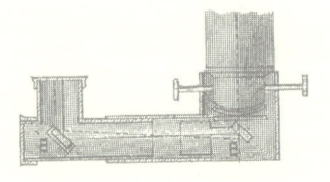

日本語訳

3.7　準拠法・裁判管轄地

　その締結の場所、履行の場所またはその他の場所のいかんにかかわらず、本契約およびその改正、修正、変更または追加ならびに本契約の当事者の権利は、カリフォルニア州の法律にもとづき解釈され履行されるものとする。本契約に関し、当事者間で紛争または請求が生じた場合は、米国カリフォルニア州にある裁判所のみが、その問題を審理し、決定する裁判管轄権を有するものとする。買主は、取り消し不可能の条件で、(a) 本契約に関し発生したいかなる訴訟についても、カリフォルニア州にある米国の連邦裁判所を含むカリフォルニア州の裁判所の管轄権および裁判地籍に服し、(b) その裁判所に提起された訴訟に対して、買主が有するすべての管轄権の抗弁を放棄し、および (c) The United States Corporation Companyをその訴訟の訴訟書類送達に関する代理人に任命し、指名し、その代理人になされた送達はすべての目的において買主になされた送達とみなすものとすることに同意するものとする。

3.8　正式言語

　本契約書が他の言語に翻訳されたどうかにかかわらず、本契約の正本は英語版とし、あらゆる場合においてそれが優先するものとする。

ワード&ポイント

①Forum…「裁判管轄地」の意味です。
②submits to the jurisdiction…「（裁判所の）裁判管轄権に服す（同意する）」の意味です。つまり、その裁判所の管轄権を争わないことを約束するということです。
③venue…「（裁判所の）裁判地（裁判籍）」の意味です。
④service of process…「訴状等の送達」のことです。

契約書

3.9 Entire Agreement

This Agreement supersedes all prior discussions and agreement between the parties with respect to the subject matter hereof and this Agreement contains the sole and entire agreement between the parties with respect to the matters covered hereby. By way of illustration and not by way of limitation, all Purchase Orders submitted by Purchaser hereunder shall be deemed to incorporate without exception all of the terms of this Agreement notwithstanding any order form containing additional or contrary terms and conditions, unless Seller shall expressly advise Purchaser to the contrary in writing apart from the provisions of such order form, and no acknowledgement by Seller of or referenced by Seller to or performance by Seller under any such order form shall be deemed to be an acceptance by Seller of any such additional or contrary terms or conditions. This Agreement may not be modified or amended except by an instrument in writing signed by the parties or their duly authorized representatives.

IN WITNESS WHEREOF, the parties have caused this Agreement to be executed under seal of the day and year first above written.

America Manufacturing Inc.
By: ─────────────
Name:
Title:

Japan Sales Co., Ltd.
By: ─────────────
Name:
Title:

日本語訳

3.9 完全合意条項

　本契約は、本契約の対象事項に関する当事者間の本契約前のすべての協議および合意にとって代わるものであり、本契約がおよぶ事項に関する当事者間の唯一かつ完全な合意を含むものである。その例として（それを制限する趣旨ではなく）、本契約により買主から出されたすべての本件注文は、本契約の条項と抵触するまたはそれに追加される条項を含んでいても、売主がその注文書の条項と別個に、本契約の条項と異なる条項にする旨の通知を買主に対して明示的にしなければ、例外なく本契約の全条項を組み込むものとみなされ、売主による本件注文書にもとづく了解、参照または履行はそれらの追加のまたは抵触する条項の売主による承認とはみなされないものとする。本契約は、両当事者によりまたは両当事者の適法な権限ある代表者により署名された文書によらなければ、修正または改正されないものとする。

　上記を証するため、両当事者は、冒頭の年月日に本契約に社印を付してこれを締結した。

　　　　　　　　　　　アメリカ・マニュファクチャリング・
　　　　　　　　　　　インク

　　　　　　　　　　　――――――――――――――――

　　　　　　　　　　　氏名
　　　　　　　　　　　役職

　　　　　　　　　　　日本販売株式会社

　　　　　　　　　　　――――――――――――――――

　　　　　　　　　　　氏名
　　　　　　　　　　　役職

4 製造委託供給契約

◎──**製造委託供給契約の基本構成**

製造委託供給契約の一般的な構成は、次のようになります。

---

1 表題・前文
2 定義
3 本体条項
　ⅰ 製造委託物の特定とその変更（第2条）
　ⅱ 注文量の見込通知（最低注文量）と納期（第3条）
　ⅲ 注文と承諾
　ⅳ 製品保証（第5条）
　ⅴ 価格・支払方法
　ⅵ 受け渡しの方法
　ⅶ 製品検査
　ⅷ 技術ライセンス
4 一般条項
　契約終了後の処理（第13条）
契約書末尾
署名

◎──**主たる条項例とポイント**

製造委託供給契約の注意すべきおもな条項例とポイントは、次のとおりです。

（1）製造委託

製造委託とは、委託先が製造委託物を製造し委託者に売り渡すことを約束し、委託者がそれを買い取ることを約束する本契約の基本的条項です。

製造委託物の仕様は、通常、別紙を用いて定められています。

（2）発注見込み
委託先の製品供給を確実にするため、事前に委託者の発注見込みを委託者が委託先に通知することを義務づけ、納期などを定めた規定です。

（3）製造保証
委託先が供給する製品が委託者の仕様に従った製品であり、法令などに違反していないことを保証した規定です。また、委託先は製造委託物を委託者以外の者に売らないことを約束します。

委託先が委託者に対し、委託者の仕様などが第三者の知的所有権を侵害していないことの保証を求めることもあります。逆に、委託者が委託先に対し、委託先の仕様について同様の保証を求めることもあります。

（4）ライセンス
委託者が委託する製品の製造方法などについて、委託先に対してライセンスを供与する場合の規定です。

（5）契約終了後の処理
契約終了後、委託者は製造委託が終了することによって委託先が被るかもしれない損失について、なんら補償せず、委託者は製品の在庫を販売できることを定めた規定です。

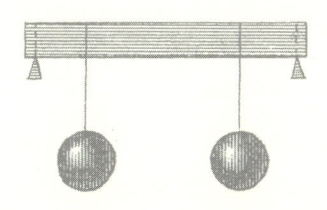

契約書

Manufacturing & Supply Agreement

⋮

Article 2　Manufacturing and Sales

Subject to the terms and conditions set forth herein, Seller agrees to manufacture and sell to Buyer, and Buyer agrees to purchase from Seller, such quantities of Products which are ordered from time to time pursuant to Article 3 at the prices provided herein, and which meet the applicable specifications contained in Schedule A attached hereto and made a part hereof and such additional specifications as may be agreed to in writing by the parties hereto from time to time (collectively, the "Specifications").

Article 3　Forecast and Lead Time

3.1　Buyer shall, on a monthly basis, provide Seller with a twelve (12)-months rolling forecast of the quantities of Products to be delivered by Seller to Buyer. Quantities indicated within the first three (3) months of the forecast period are considered firm and unchangeable and Buyer shall be committed to purchase all such forecast quantities.

3.2　Buyer will provide Seller with at least ninety (90) -days lead time for manufacturing and shipping all Products ordered. All Product orders are subject to compliance with the lead time requirements.

⋮

Article 5　Warranties

5.1　Merchantability

Seller warrants that each Product sold under this Agreement shall be of merchantable quality.

日本語訳

製造委託供給契約書

⋮

第2条　製造および販売

　本契約に定める条件に従い、売主は、第3条に従って、適宜、注文される本件製品を、本契約に添付され、その一部となっている別表A記載の仕様および、適宜、当事者が書面で合意する追加の仕様（総称して、「本件仕様」という）に合致させて製造し、買主に、本契約で定める価格で売り渡すことに合意し、買主は、本件製品を売主から買い取ることに合意する。

第3条　発注の見込量と納期

　3.1　買主は、毎月、売主に対し、売主から買主に引き渡されるべき本件製品の12カ月間の見込量を提供するものとする。その見込期間の最初の3カ月の期間の数量は確定したものとみなされ、変更されないものとして、買主はその見込量を購入することを約束する。

　3.2　買主は、注文した本件製品の製造から出荷までの納期として、少なくとも90日間を与える。すべての本件製品の注文は、その納期の要件に従うものとする。

⋮

第5条　保証
5.1　市販性

　売主は、本契約上、売り渡されたそれぞれの本件製品は、市販できる品質のものであることを保証する。

ワード＆ポイント

①Products…大文字で書かれているのは、定義条項で定義されているからです。以下の実例の大文字の語句も同様です。
②(12)-months rolling forecast…12カ月の期間の見込みのことです。
③merchantable quality…市場で販売できる品質のことです。

5.2 Specifications

Seller warrants that each Product sold hereunder will meet the Specifications or such other specifications agreed to in writing by the parties.

5.3 Compliance with Regulations

Seller warrants that it will comply in all respects with all applicable laws, rules, statutes, regulations, orders and other government requirements (collectively, called "Laws") applying under the legal jurisdictions of ultimate dissemination of Products by Buyer.

5.4 Rights

Seller warrants that it has the authority to grant to Buyer the rights set forth in this Agreement without violating the rights of any third party. Without limiting the foregoing, Seller warrants that Products will not to the best of its knowledge infringe any valid patent of any third party and will not infringe any trade secret, copyright, or other proprietary right of any third party.

Article 9　Production Licenses

9.1 Buyer hereby grants a Production License to Seller for the Intellectual Property Rights for Buyer's Technology and only to the extent required by Seller to manufacture, distribute, sell and otherwise exploit Products.

日本語訳

5.2　仕様

　売主は、本契約で売り渡された本件製品は、本件仕様または両当事者が書面で合意したその他の仕様に合致していることを保証する。

5.3　法令の遵守

　売主は、買主の本件製品の最終仕向地の法域（国または州）で適用されるすべての法律、規則、法規、命令およびその他の政府の要求（総称して、「法令」という）を、すべての点で、遵守することを保証する。

5.4　権利

　売主は、本契約で定める権利を、第三者の権利を侵害することなく、付与できる権限を有することを保証する。上記のことを制限することなく、売主は、本件製品が、売主が最大限知るかぎり、第三者の有効な特許を侵害しておらず、かつ第三者の企業秘密、著作権またはその他の権利を侵害していないことを保証する。

　　　　　　　　　　　　　⋮

第９条　製造ライセンス

　9.1　買主は売主に対し、買主の技術の知的所有権の製造ライセンスを付与する。そのライセンスの範囲は、売主が本件製品を製造し、頒布し、販売し、その他利用するために必要な限度とする。

ワード＆ポイント
①dissemination…製品が頒布されることを意味します。
②proprietary right…財産的価値のある権利のことです。

契約書

9.2 Subject to Buyer complying with its obligations under Article 3.2, Seller shall not sell Products to any customers or any third party during the term of this Agreement.

9.3 Seller shall not be permitted to assign, transfer or sublicense the Production License without the prior consent of Buyer, and any such assignment, transfer or sublicense without Buyer's consent shall be null and void.

︙

Article 13 Termination

︙

13.4 In the event of any termination of this Agreement by Buyer pursuant to Article 13.2 and 13.3 effective as of a certain date（the "Termination Date"）, Buyer will have no liability to Seller for loss of future sales or profits, or for expenditures, investments or commitments made by Seller. Upon expiration or termination of this Agreement, Buyer will be entitled to distribute Products then remaining in stock with Buyer, in accordance with all applicable provisions of this Agreement. Termination or expiration of this Agreement will not affect rights of the parties that have accrued prior to termination or expiration.

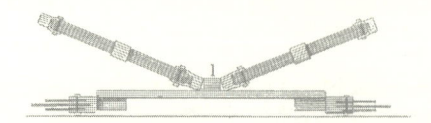

日本語訳

　9.2　第3条第2項の義務に買主が従うことを条件として、売主は、本契約期間中、本件製品をいかなる顧客に対しても、またはいかなる第三者に対しても販売しないものとする。

　9.3　売主は、買主の事前の同意なくして、製造ライセンスを譲渡、移転またはサブライセンスしないものとし、そのような譲渡、移転またはサブライセンスは無効とする。

⋮

第13条　契約終了

⋮

　13.4　第13条第2項または第13条第3項に従って、本契約がある日（「終了日」）をもって終了したときは、買主は売主に対して、売主の将来の販売もしくは利益の損失、または売主がなした支出、投資もしくは約束についてなんらの責任も負わないものとする。本契約の期間満了または終了しだい、買主は、そのとき在庫として残っている本件製品を、本契約の適用される規定に従って、販売する権利を有する。本契約の期間満了または終了は、それまでに発生した当事者の権利になんら影響しないものとする。

ワード＆ポイント

①sublicense…ライセンス（実施許諾）を受けた者（ライセンシー）が、さらに第三者にそのライセンスを付与すること（再実施許諾）です。

5 販売店契約

◎──販売店契約の基本構成

販売店契約の基本的な構成は、次のとおりです。

```
1 表題・前文
2 定義
3 本体条項
  ⅰ 販売店任命（第2条）
  ⅱ 競合取引の禁止・売主の本件地域への販売禁止（第3条）
  ⅲ 最低数量購入義務（第4条）
  ⅳ 注文・承諾
  ⅴ 売買条件（価格・代金支払方法・保証）
  ⅵ 販売促進義務と販売援助義務（第6条）
  ⅶ 在庫・修理・アフターサービス
  ⅷ 情報提供・報告義務
  ⅸ 商標の使用およびその他の知的所有権
  ⅹ 第三者の製品にかかる知的所有権の侵害
  ⅺ 契約期間・更新
  ⅻ 契約終了後の処理（在庫処理・補償義務の不存在）（第11条）
4 一般条項
5 契約書末尾
6 署名
```

◎──主たる条項例とポイント

販売店契約における注意すべきおもな条項例とポイントは、次のとおりです。

（1）販売店任命
販売店契約とは、売主が販売店を売主の製品の独占的販売店に任命し、販売店がこれを承諾することを定めた規定です。この条項で独占的販売権を有するかどうか、明確にしておくべきです。

（2）競合取引の禁止
販売店がその販売地域で競合製品を取り扱わないことを定めた規定です。また、売主も販売地域で売買活動をしないことを約束しています。

（3）最低数量購入義務
販売店が一定以上の金額の製品を購入することを約束した規定です。

（4）販売促進義務と販売援助義務
販売店の販売促進義務と、それに対する売主の販売援助義務を定めた規定です。それらの義務の内容を明確に規定するとともに、費用をいずれが負担するかについても規定しておくべきです。

（5）在庫・修理・アフターサービス
販売店の在庫・修理・アフターサービスに関する義務を定めた規定です。

（6）情報・報告
当事者間で製品の情報を交換し、販売店が市場の情況、在庫を報告することを定めた規定です。

（7）知的所有権
販売店が、売主の商標などを無断で使用しないことを定めた規定です。

（8）契約終了時の義務
契約終了後の在庫の処理、売主の名前等の使用禁止、販売店の契約終了による補償請求権がないことなどを定めています。

契約書

Distributorship Agreement

⋮

Article 2　Appointment

During the term of this Agreement, Seller hereby appoints Distributor its exclusive distributor① for the sale of Products in the Territory and Distributor accepts and assumes such appointment.

Article 3　Prohibition of Competitive Transaction

In consideration of the exclusive right herein granted, Distributor shall not, in the Territory, directly or indirectly, purchase, import, sell, distribute or otherwise deal in any product which is of same kind as, similar to or competes with Products, and Seller shall not, directly or indirectly, offer, sell or export Products to the Territory through any channel other than Distributor.

Article 4　Minimum Purchase

(1) Distributor guarantees to purchase Products from Seller in an amount not less than:

(a) _____U.S. dollars for the first one (1) -year period of this Agreement; and

(b) _____U.S. dollars for each of the subsequent one (1) -year period of this Agreement.

The above minimum amounts shall be subject to change by mutual agreement between the parties.

日本語訳

販売店契約書

…

第2条　任命

本契約の期間中、売主は販売店をその製品の本件地域での独占的（一手）販売店に任命し、販売店はその任命を引き受ける。

第3条　競合取引の禁止

本契約で付与された独占販売権を約因（対価）として、販売店は、本件地域で、直接または間接に、本件製品と同じ種類の製品、または類似または競合する製品を購入せず、輸入せず、販売せず、頒布せず、またはその製品に関するその他の取引をしないものとする。売主は、直接または間接に、販売店以外の販路を通して、本件地域に本件製品を売買申し込みをせず、売り渡さず、または輸出しないものとする。

第4条　最低数量購入義務

（1）販売店は売主より下記金額以上の「製品」を購入することを保証する。

　（a）本契約の初年度に_____米ドル、および
　（b）本契約のその後の各年度に_____米ドル。

上記の最低購入額は両当事者相互の合意により変更することができる。

ワード＆ポイント

①exclusive distributor…「独占販売店」の意味です。ある一定地域で、メーカー等（Seller）のある商品を独占的に販売する販売店です。メーカー等はその地域に他の販売店を任命しない義務を負います。ただし、メーカー等がその地域で客の引き合いなどがあったときに、その商品を販売できないかどうかは、この独占販売店任命の条項だけでは明確ではないので、別途、明確にすべきです。

契約書

(2) If the amount of actual purchase during any one (1) -year period exceeds the minimum purchase requirement for that year set forth in the preceding Article, the excess may be carried forward and credited against the minimum requirement amount of the succeeding year.

(3) For the purpose of this Article, Products are purchased when the payment therefor has been actually received by Seller.

⋮

Article 6　Sales Promotion and Sales Assistant

(1) Distributor shall diligently and adequately advertise and promote the sale of Products throughout the Territory. Seller shall provide, with or without charge, Distributor with reasonable quantities of advertising literature, catalogues, leaflets, folders, etc. In addition, to facilitate sales of Products in the Territory, Seller, upon request by Distributor, will provide reasonable assistance to Distributor in connection with sales and after-sales services in the Territory of Products at Distributor's expense.

(2) Distributor may request Seller to send one or more of Seller's employees ("assigned employee") to such Distributor's office or facility in the United States at such time and for such period as may be agreed between Seller and Distributor, provided that Distributor shall reimburse Seller the living and travelling expenses of the assigned employee and any other expenses incurred by Seller in connection with the assignment of the assigned employee.

日本語訳

（２）ある年度の実際の購入額が、前項に規定するその年度の最低購入義務額を超える場合は、超過分は次年度に繰り越し、次年度の最低購入義務額に充当することができる。

（３）本条においては、本件製品は売主が対価を受領したときに購入されるものとみなす。

⋮

第６条　販売促進と販売援助

（１）販売店は本件地域において、勤勉かつ適切に本件製品の宣伝および販売促進活動を行うものとする。売主は、販売店に対し、相応の量の宣伝資料、カタログ、リーフレット、フォルダーなどを有料または無料で提供するものとする。さらに、本件地域における本件製品の販売を促進するために、売主は、販売店の要求がありしだい、販売店の費用で、本件地域での販売サービスおよびアフターサービスに関し適切な援助を提供するものとする。

（２）販売店は、売主に対し、売主と販売店が合意したところの時期および期間に、米国の販売店の事務所または施設に、売主の従業員の一人またはそれ以上を（以下"派遣従業員"という）派遣することを要請できる。ただし、販売店は、派遣従業員の滞在費用および旅行費用ならびに売主が派遣従業員の派遣に関し要したその他の費用を支払うものとする。

ワード＆ポイント

①will…売主が販売サービスおよびアフターサービスの援助をするのは「義務」ではないことを表すために、willを使っています。

Article 7　Stock, Repair and After-Sales Services

Distributor shall <u>at its own cost</u>:
　　　　　　　　　①

(1) maintain competent personnel with adequate facilities for sales, repairs and stock;

(2) maintain a sufficient stock of Products; and

(3) provide its clients with sufficient sales and after-sales services in the Territory for Products.

Article 8　Information and Report

Seller and Distributor shall periodically and/or on the request of either party furnish each other with information and market reports necessary to promote the sale of Products. Distributor shall give Seller such reports on <u>market conditions</u>, <u>inventory</u>, and relevant activities of Distributor.
　　　　　　　　　　　　　②　　　　　　　③

Article 9　Intellectual Property Rights

(1) Distributor shall not use, directly or indirectly, in part or in whole, Seller's trademark, trade name or any other mark that is now or may hereafter be owned by Seller as part of Seller's name, except in the manner and to the extent that Seller may specially and expressly consent in writing. Even if such trademark or name is used by Distributor with the approval in writing of Seller, Distributor shall, upon termination of this Agreement, discontinue such use except on Products held in Distributor's stock at such termination.

日本語訳

第7条　在庫・修理・アフターサービス

販売店は、自己の負担において、以下の行為をなすものとする。

（1）販売、修理および在庫のための十分な施設と有能な人員を維持する。

（2）本件製品の十分な在庫を維持する。

（3）本件地域内において、顧客に対して本件製品に関する十分な販売サービスとアフターサービスを提供する。

第8条　情報および報告

売主および販売店の双方ともおたがいに、定期的かつ相手の要求がありしだい、本件製品の販売を促進するために必要な情報および市場報告を提供するものとする。販売店は、市場の状況、在庫目録、販売店が関連する活動を売主に報告するものとする。

第9条　知的所有権

（1）販売店は、売主がその名前の一部として、現在または以後に所有する売主の商標、商号、またはその他のマークを、売主がとくにかつ明示に書面で同意した方法または範囲以外は、直接または間接に、一部または全部、使用しないものとする。たとえ、販売店が売主の書面による同意を得てそのような商標または名前を使用したとしても、販売店は、本契約が終了しだい、その終了時に販売店が在庫として保持する本件製品以外は、その商標または名前の使用を中止するものとする。

ワード&ポイント
①at its own cost…「自己の費用負担で」の意味です。
②market conditions…市場の状況。
③inventory…在庫。ここでは在庫目録を指します。

契約書

(2) Nothing herein contained shall be construed as transferring any patent, utility model, trademark, design or copyright in Products; all such rights are to be expressly reserved by the true and lawful owners thereof.

(3) In case any dispute and/or claim arises in connection with the above rights, Seller shall reserve a right to terminate, make null and void this Agreement at its discretion and hold itself free from any liability arising therefrom.

︙

Article11　Obligation after Termination
(1) The provisions of this Agreement shall, in the event of expiration or termination thereof, continue to apply to the rights and duties of the parties existing under this Agreement or sales contracts thereunder, at the time of termination or expiration of this Agreement, provided, however, that Seller shall have an option to cancel without any liability an order accepted but not performed ① before such termination or expiration.

(2) The provisions of Articles 15 and 16, respectively, shall survive such termination or expiration.

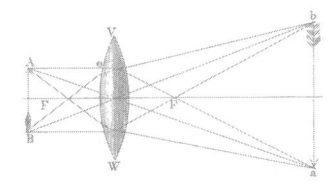

日本語訳

　（2）本契約のいかなる規定によっても、本件製品の特許、実用新案権、商標、意匠権、または著作権は移転されることはない。すべてのそれらの権利は明確にその所有者により保有されているものである。

　（3）売主と販売店との間に、上記の権利に関し紛争または請求が生じた場合は、売主はその裁量で、本契約を解約し、無効とし、それによっていかなる責任も負わない権利を有するものとする。

……

第11条　契約終了後の義務
　（1）本契約が解約され、または期間満了した場合に、本契約または個々の売買契約にもとづいて当時存在する当事者の権利義務については、依然として本契約の規定が適用されるものとする。ただし、売主は、本契約の期間満了または解約前に未だ履行されていない注文分についてはなんらの責任を負担することなく解約することができる。

　（2）本契約第15条および第16条の各規定は、本契約の終了後も存続する。

ワード＆ポイント

①an order accepted but not performed…「承諾された（accepted）が、まだ履行されていない（not performed）注文」の意味です。

|契約書

(3) In the event of expiration or termination for any reason, Seller agrees to repurchase all of the products which are returnable under Seller's return policy and are held but not then sold by Distributor, at 100% of the invoice price thereof (or less 10% where the Distributor's action or non-action is the cause of the termination by Seller), except that in no event shall Seller be required to so repurchase Products which are more than ten (10) months old. Products so repurchased by Seller shall be shipped at Seller's instructions to Distributor at Distributor's expense and risk.

(4) Following expiration or termination of this Agreement, Distributor shall immediately cease its use of Confidential Information and the name of Seller, or any derivation thereof, for any purpose whatsoever and Distributor shall promptly return all documentary Confidential Information in its possession, together with all copies thereof, as well as all catalogs, promotional material and service manuals, if any, previously supplied by Seller.

(5) Distributor shall not be entitled to indemnities, damages or other compensation of any kind as a result of expiration or termination of this Agreement, except for fault of Seller.

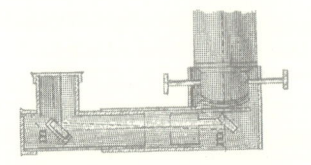

日本語訳

（3）いかなる理由であれ、本契約が解約または期間満了した場合は、売主は、売主の返品方針にもとづき返品可能であり、かつ販売店が保有するがそのときにおいて販売されていない製品のすべてを、それの送り状価格の100％で（または販売店の行為または不作為が売主による終了の原因である場合には10％減で）買い戻すことに同意するが、売主は10カ月よりも古い製品は買い戻さない。売主によって買い戻された製品は、売主の指示に従って販売店の費用と負担で、販売店により船積みされるものとする。

（4）本契約の期間満了または解約しだい、販売店は、極秘情報および売主の名前またはそれらから派生したものの一切の使用を、いかなる目的のためであれただちに止め、さらに販売店は、販売店の所持するすべての文書による極秘情報をその一切の写しとともに、ならびに過去に売主から提供されたカタログ、販売促進資料およびサービスマニュアルがあれば、それをただちに返還するものとする。

（5）販売店は、契約の期間満了または解約によって、売主の不履行の場合を除いて、損失補償、損害賠償またはその他のいかなる種類の補償も受ける権利を有さないものとする。

ワード＆ポイント

①in no event shall Seller be required to so repurchase Products…「いかなる場合も製品の購入を義務付けられない」の意味です。"in no event"で以下の文章の否定形になっています。

②any derivation thereof…"thereof"は前の "the Confidential Information and the name of Seller"を指します。それらから派生したものも使用を禁止しています。あるものが機密情報または売主の名前とまったく同一でないとき、それが使用禁止義務の対象になるかどうかの争いを防ぐためです。

6 ライセンス契約

◎──ライセンス契約の構成

ライセンス契約の基本的な構成は、次のとおりです。

```
1 表題・前文
2 定義
3 本体条項
  i ライセンスの付与（第3条）
  ii ライセンス技術の開示・技術援助（第5条）
  iii 改良技術・発明についてのライセンサーの権利（第6条）
  iv ロイヤリティの計算方法・支払方法（第7、8条）
  v 報告・記録保存義務およびライセンサーの帳簿等の検査権（第9条）
  vi ライセンサーの権利保証または免責
  vii 第三者の権利侵害への対応（第10条）
  viii 秘密保持義務
  ix 契約期間・更新
  x 契約終了時の義務
    (i) 図面等の返還
    (ii) 未払ロイヤリティの支払
    (iii) 在庫商品の処理など
4 一般条項
5 契約書末尾
6 署名
```

◎──主たる条項例とポイント

ライセンス契約の注意すべきおもな条項例とポイントは、次のとおりです。

（1）ライセンスの供与
　ライセンサーがライセンシーにライセンスを付与することを定めた基本的規定です。本書の実例では独占的ライセンスになっています。

（2）ライセンス技術の開示・技術援助
　ライセンス技術の開示の方法とライセンサーのライセンシーに対する技術援助の義務などを定めています。

（3）ロイヤリティ
　ロイヤリティの算定方法とミニマムロイヤリティについて定めた規定です。

（4）ロイヤリティの支払
　ロイヤリティの支払方法や源泉徴収について定めた規定です。

（5）報告・記録保存・帳簿等検査
　ロイヤリティの金額の計算の基礎となるライセンス製品の売上について、ライセンシーがライセンサーに報告し、その記録を保存することを義務付け、ライセンサーにその記録を検査できる権利を定めた規定です。

（6）改良技術
　ライセンシーがライセンス技術を自ら改良して取得した発明や技術について、ライセンサーが非独占的な実施権を有し、ランセンシーがその発明等について、自ら特許申請しないときは、ライセンサーが特許申請できることを定めた規定です。

（7）権利侵害および訴訟等
　ライセンス技術または改良技術の実施について、一方の当事者に対して、第三者から自己の特許権等を侵害している旨の主張がなされても、他方当事者は、それについて一切責任を負わないことを定めるとともに、第三者がライセンス技術の特許等を侵害した場合の処理を定めた規定です。

契約書

License Agreement

⋮

Article 3　Grant of License

3.1　Subject to the terms and conditions hereinafter set forth, Licensor hereby grants to Licensee the right and license to use the Licensed Technology in connection with the processing, production, use and sale of Licensed Products in the Licensed Territory.

3.2　The license granted herein shall be exclusive during the term hereof in the Licensed Territory.

3.3　Licensee shall not grant, transfer, convey, sublicense or otherwise assign any of its rights or delegate any of its obligations under this Agreement without the prior written consent of Licensor.

3.4　Upon the termination of this Agreement <u>for any reason</u>①<u>whatsoever</u>, the rights of Licensee hereunder shall cease, and Licensee shall have no right thereafter to use any of the Licensed Technology which has been disclosed to Licensee during the term hereof. The provisions of Article 10 shall survive the termination of this Agreement.

⋮

日本語訳

ライセンス契約書

︙

第3条　ライセンスの供与

　3.1　ライセンサーは、ライセンシーに対して、本件契約で以下に定める条件に従って、ライセンス地域において、ライセンス製品の加工、生産、使用、および販売に関するライセンス技術を使用する権利および実施権を供与するものとする。

　3.2　本件契約により供与された実施権は、ライセンス地域において、本件契約期間中、独占的なものとする。

　3.3　ライセンシーは、ライセンサーの事前の書面による同意なくして、第三者に対し、本件契約上のいかなる権利も、それを付与、移転もしくは譲渡し、その再実施権を供与しもしくはその他の処分をすることはできず、また本件契約上のいかなる義務も第三者に委任することはできないものとする。

　3.4　いかなる理由によっても本件契約が終了した場合は、ライセンシーの本件契約上の権利は消滅し、ライセンシーは本件契約中に自己に開示されたライセンス技術を以後使用する権利を有しないものとする。ただし、第10条の規定は本件契約終了後も存続するものとする。

︙

ワード＆ポイント

①for any reason whatsoever…"whatsoever"は、「いかなる（すべての）」の意味です。あらゆる理由が含まれていることを強調している語句です。

契約書

Article 5　Disclosure of Licensed Technology: Technical Assistance

5.1 From time to time as required by Licensee's business and requested by Licensee, Licensor shall disclose the Licensed Technology to Licensee in Tokyo, or such other place as the parties may mutually agree. In making such disclosure, Licensor will provide to Licensee without charge copies of all materials and relevant written information in the possession and control of Licensor relating to the use of the Licensed Technology and the processing, production, use and sale of Licensed Products.

5.2 To facilitate the disclosure of the Licensed Technology and to enable Licensee to utilize the rights granted in Article 3 hereof, Licensor, upon request by Licensee, will provide reasonable technical assistance to Licensee in connection with the application of the Licensed Technology and the processing, production, use and sale of Licensed Products; provided, however, that Licensor's obligations hereunder shall be deemed satisfied① by making available to Licensee the services of one or more qualified persons familiar with the Licensed Technology and its practical application for a period not to exceed a month during each calendar year during the term hereof.

5.3 Throughout the term of this Agreement, at the request of Licensee, Licensor will consult with and generally advise Licensee concerning the use and application of the Licensed Technology for the purposes contemplated by this Agreement. Such assistance shall be provided without charge, except in those cases where the assistance requested will require significant efforts of Licensor. In such cases, the assistance requested will be provided on such terms and conditions as the parties may mutually agree.

日本語訳

第5条　ライセンス技術の開示：技術援助

5.1　ライセンサーはライセンシーに対し、ライセンシーの事業上必要となりライセンシーが要請する場合、東京または両当事者が相互に合意するその他の場所において、ライセンス技術を開示するものとする。その開示にあたっては、ライセンサーはライセンシーに対して、ライセンス技術の使用ならびにライセンス製品の加工、生産、使用および販売に関し、ライセンサーが保持し管理するすべての資料および書面による関連の情報のコピーを、無料で提供するものとする。

5.2　ライセンサーはライセンシーに対し、ライセンス技術の開示促進および第3条で供与された権利をライセンシーが活用できるようにするために、ライセンシーの要請に応じて、ライセンス技術の利用ならびにライセンス製品の加工、生産、使用および販売に関する相応な技術援助を提供するものとする。ただし、ライセンサーのこの義務は、本契約期間中、毎年、1カ月以内の期間、ライセンス技術およびその実際への利用について習熟した1人以上の適任者のサービスをライセンシーに利用させることにより、履行されたものとみなす。

5.3　ライセンサーは、本件契約期間中、ライセンシーの要請により、本契約の意図する目的のために、ライセンス技術の使用および応用に関し、ライセンシーと全般的に協議し助言するものとする。その援助は、ライセンサーがその援助のために相当な努力を要する場合を除き、無料とする。ライセンサーの相当な努力を要する場合は、その援助は、両当事者の合意にもとづいた条件に従って、提供されるものとする。

ワード&ポイント

①be deemed satisfied…ライセンサーの技術援助義務がライセンス技術とその利用について習熟した要員を1人以上派遣することで満足（履行）された（satisfied）とみなされる（deemed）ことを意味します。

5.4 Licensor shall disclose the Licensed Technology to Licensee in the English language and in terms of standard measures of the United States of America. It is understood and agreed that any necessary changes to any other system of measurement and any necessary translations to languages other than the English language shall be effected by Licensee at its expense.

5.5 Any immigration permits and/or import licenses necessary or convenient for the entry of Licensor's personnel, documentation or other items into the Licensed Territory in connection with the performance of this Agreement shall be obtained by Licensee at its expense.

Article 6　Rights of Licensor and Licensee with Respect to Certain Inventions, New Developments and Improvements

6.1 If at any time subsequent to the date of this Agreement and prior to the expiration or the termination of this Agreement, any invention, new development or improvement (including, without limitation, know-how) used or usable to improve Licensed Products shall be developed by Licensee ("New Technology") and as often as the same shall occur, Licensee shall promptly furnish to Licensor all relevant information pertaining thereto.

6.2 Licensee further agrees that Licensor shall have, without charge, a royalty-free, nonexclusive, perpetual right and license to make, use and sell, and to license others to make, use and sell in accordance with the New Technology in the Retained Territory, and Licensee will provide training to Licensor's employees in such New Technology at a reasonable cost to Licensor.

日本語訳

5.4　ライセンサーはライセンシーに対し、英語で、米国の標準度量単位で、ラインセンス技術を開示するものとする。両当事者は、他の度量単位への必要な変更または英語以外の言語への必要な翻訳は、ライセンシーによりその費用でなされるべきことを了解し合意する。

5.5　本件契約の履行に関し、ライセンス地域にライセンサーの要員を派遣し書類およびその他のものを送付するのに必要なまたは適宜な出入国法上の許可および輸入許可は、ライセンシーがその費用で取得するものとする。

第6条　発明、新開発・改良に関するライセンサー・ライセンシーの権利

6.1　本件契約締結後からその終了前の期間中、ライセンス製品の改良に使用され、またはそれに利用可能な発明、新開発または改良（ノウハウを含むがそれに限られない）は、ライセンシーによりなされるものとし（これらを「新技術」という）、新技術が発生するたびに、ライセンシーはライセンサーに対し、新技術に関するすべての情報を提供するものとする。

6.2　ライセンシーは、さらに、ライセンサーが留保地域において、新技術に従って自らまたは第三者をして生産、使用、および販売する権利および実施権を無料でロイヤリティの支払義務なくして期限制限なしに非独占的に有すること、およびライセンシーがライセンサーの相当な費用で新技術につきライセンサーの従業員を訓練することに合意する。

ワード&ポイント　①in terms of standard measures…米国の場合、世界基準と異なる長さや重さの単位を使っていることがあるので、それを世界基準に変更する必要がありますが、そのような変更は手間と費用がかかるので、そのような変更はライセンシーの費用と負担によることをこの条項で明示しているわけです（言語も同様です）。

6.3 Licensee shall promptly determine whether to seek patents or take other necessary legal steps to protect the New Technology in such areas of the world as it shall determine. Upon issuance of any such patents or the acquisition of any such legal rights in any area of the Retained Territory, Licensor shall have, without charge, a perpetual, royalty-free, nonexclusive right and license to make, use and sell, and to license others to make, use and sell in said area in accordance with the New Technology covered by said patents or other legal rights.

6.4 In the event Licensee shall elect not to seek patents or take other legal steps necessary to protect any or all elements of the New Technology in all or any portion of the Retained Territory, Licensor, at its expense, shall have the right to seek patents, in Licensee's name, or to take other necessary legal steps to protect any or all elements of the New Technology in all or any part of the Retained Territory. Licensee shall assist Licensor in seeking such patents or securing such protection if requested, including securing execution of patent applications and other appropriate documents and papers, and Licensor shall pay or reimburse Licensee for all out-of-pocket expenses incurred by Licensee in connection with providing such assistance. All patents or other legal rights so granted or obtained shall be the exclusive property of Licensee, subject only to the license granted to Licensor in this Article 6.

日本語訳

　6.3　ライセンシーは、選択した国で新技術の保護のために特許申請するか、またはその他の必要な法的手段をとるかどうかを、すみやかに決定するものとする。ライセンシーが留保地域において上記の特許権を付与されまたは上記の法的権利を取得したときは、ライセンサーは、その特許権またはその法的権利が包含する新技術に従ってその保有地域において自らまたは第三者をして生産し、使用しおよび販売することができる権利および実施権を、なんら負担なくして期間制限なしにロイヤリティの支払義務なく非独占的に有するものとする。

　6.4　ライセンシーが、留保地域の全地域または一部地域において、新技術の全部または一部を保護するために必要な特許申請をなさず、または必要な法的手段をとらない場合は、ライセンサーは、自らの費用で、留保地域の全地域または一部地域において、ライセンシーの名義で、新技術の全部または一部の保護のために特許申請をなし、またはその他の必要な法的手段をとることができるものとする。ライセンシーはライセンサーに対し、もし要請されたならば、その特許申請またはそのような保護の確保のために、特許申請の書類およびその他の適切な書類および書面の作成を含んだ援助をなし、ライセンサーはライセンシーに対し、ライセンシーがそのような援助をなすにあたって現実に要したすべての費用を支払いまたは償還するものとする。そのような付与されもしくは取得されたすべての特許権またはその他の法的権利は、本第6条においてライセンサーに供与された実施権の制限に服する以外は、ライセンシーの独占的な財産となるものである。

ワード＆ポイント

①Retained Territory…定義条項で定義されているので、大文字で表されています。ライセンス地域以外の地域を指します。
②out-of-pocket…「実費」の意味です。実際に支出した費用のことです。

契約書

Article 7 Royalties

7.1 As consideration for the licenses granted herein, Licensee shall pay to Licensor, at the times and in the manner provided in Article 8, royalties equal to three percent (3%) of the aggregate Net Selling Price of all Licensed Products Sold by Licensee in each calendar year which in any case shall not be less than three hundred thousand U.S. Dollars (U.S.$300,000) during the term of this Agreement.

Article 8 Payment

8.1 Within ninety (90) days after the end of each calendar year, Licensee shall pay to Licensor all royalties due under Article 7 for the calendar year.

8.2 All payments specified herein to be made by Licensee to Licensor shall be paid in U.S. dollars which will be converted from Japanese yen at the prevailing foreign exchange rate in the Tokyo Foreign Exchange Market on the date of the payment at such bank as Licensor may from time to time nominate in writing. All payments made by Licensee to Licensor pursuant to this Agreement shall be made without any deduction or setoff whatsoever; provided that, to the extent that sums payable become subject to tax under the tax laws of Japan and applicable treaties between Japan and the U.S.A., Licensee may, as required by law, withhold from each payment the amounts of said taxes due and required to be withheld, and in such cases Licensee shall furnish Licensor with a certificate of payment executed by the appropriate official of the Government of Japan, certifying that such tax has been paid.

日本語訳

第7条　ロイヤリティ

7.1　ライセンシーはライセンサーに対し、本件契約により供与された実施権の対価として、本件契約期間中、毎年、ライセンシーによるすべてのライセンス製品の本件売買の純売上高の総計の3％に相当するロイヤリティを、第8条に定める期日および方法に従い支払うものとする。ただし、いかなる場合も、年間ロイヤリティは30万米ドル以下であってはならない。

第8条　支払い

8.1　ライセンシーはライセンサーに対し、各年度末から90日以内に、第7条の支払義務のあるその年のすべてのロイヤリティを、支払うものとする。

8.2　本契約上、ライセンシーからライセンサーに対してなされるすべての支払いは、ライセンサーが適宜書面で指示した銀行口座に、支払日の東京外国為替市場の市場為替レートで日本円から米ドルに換算されてなされるものとする。本契約にもとづくライセンシーのライセンサーに対するすべての支払は、いかなる控除も相殺もなしに、行われるものとする。ただし、その支払は、日本の税法および日米間で適用される租税条約において課税される税額の限度で、ライセンシーは、法令の要求に従い、その支払いからその税額分を控除することができる。その場合、ライセンシーは、その税金が支払われた旨の日本政府の権限ある役人が作成した支払証明書をライセンサーに交付するものとする。

ワード＆ポイント

①due…ここでは、「支払義務のある」の意味です。"payable"も同じような意味で使われますが、"due"は「支払期限のきた」という意味で使われ、"payable"は「支払義務はあるが、まだ支払期限が未到来」の意味で使われることがあります。

②applicable treaties…「（本件に関連して）適用される条約」の意味です。

③be withheld…「留保される」の意味で、一定額が留保され控除されることを指します。税金分（源泉徴収額）が支払いから控除され、その残額がライセンサーに支払われることを意味します。

④certificate of payment…"certificate"は「証明書」のことです。

契約書

Article 9　Reports, Records and Inspection

9.1 Licensee shall prepare and deliver to Licensor within thirty (30) days after the end of each calendar quarter during the term of this Agreement, an unaudited report showing:

(a) the total Net Selling Price of all Licensed Products Sold by Licensee during such calendar quarter and for the calendar year to date; and

(b) the royalties owed to Licensor pursuant to Article 7.1 with respect to such calendar quarter and for such calendar year to date.

9.2 Licensee shall at all times during the term of this Agreement, and for a period of three (3) years after the termination of this Agreement, keep true and accurate records for each calendar year of all Sales under this Agreement in such form and manner that all royalties owed hereunder to Licensor may be readily and accurately determined. Licensor shall have the right, from time to time, at reasonable times during normal business hours, of verifying the amounts owed to Licensor hereunder and the accuracy of the reports furnished by Licensee under this Article.

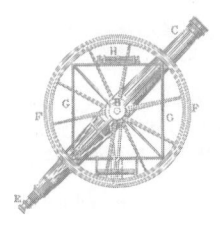

日本語訳

第9条 報告、記録、検査

9.1 ライセンシーは、ライセンサーに対し、本件契約期間中、各四半期の末日から30日以内に、下記の事項を記載した未監査の報告書を提出するものとする。

（a）当該四半期の期間およびその年のその日までの期間のライセンシーによる全ライセンス製品の本件売買の純売上高の総計、および

（b）当該四半期の期間およびその年のその日までの期間に第7条第1項に従ってライセンサーに支払われるべきロイヤリティ。

9.2 ライセンシーは、本件契約期間中いつでも、かつ本件契約終了後3年間の間は、本件契約上ライセンサーに対し、支払義務のあるすべてのロイヤリティの金額を容易に正確に決定できるような形式および方法で、すべての本件売買の毎年の正しく正確な記録を保管するものとする。ライセンサーは、適宜、通常の営業時間内の合理的な時間に、ライセンサーに支払われるべきロイヤリティの金額、および本条によりライセンシーから交付される報告書の正確さを照合する権利を有するものとする。

ワード＆ポイント

①Net Selling Price…「純売上高」（総売上高から消費税、割引や払い戻しなどを除いた金額）のことです。大文字で書かれているのは、定義の条項でその意味が定義されているからです。Soldも同様に定義されます。

②reasonable times during normal business hours…"reasonable"は「合理的」「相当な」の意味で、英文契約書でよく使われますが、ややあいまいな意味の語句です。ここでは、帳簿等の監査は「通常の営業時間内の相当の時間」に行うことを意味します。つまり、非常識な時間（決算の忙しいときなど）に行わないことを言っているわけです。

| 契約書

Article 10 Infringement and Legal Action

10.1 Neither party hereto shall have any obligation to indemnify or undertake the defense of the other party for any claim or claims made against such other party for patent, trademark, trade name, service mark or copyright infringement, unfair competition or misappropriation of confidential information or trade secrets, and, in the event of any such claim or any legal action related thereto, each party shall pay its own expenses and any judgment rendered against it.

10.2 In the event any third party infringes any patent or copyright included in the Licensed Technology or misappropriates any trade secret or confidential information included in the Licensed Technology, Licensee and Licensor shall consult and cooperate with respect thereto, and either party may bring suit against such third party, retaining any recovery therefrom, provided that, if both parties initiate and join in such suit, any recovery shall be divided in proportion to each party's interest in the recovery as determined by the parties or, if they cannot agree, by the court.

10.3 Licensee shall have the right to join Licensor, as the owner of any patents issued in the Licensed Territory with respect to the Licensed Technology, in any defense of the validity of one or more of the claims of such patents, and in any claim made regarding the infringement of any one or more claims of such patents by a third party; in such event, Licensee shall pay all expenses incurred by Licensor in such action and shall retain any recovery therefrom, unless Licensor participates in said suit and bears its own expenses, in which event the recovery shall be divided as stated in Article 10.2.

日本語訳

第10条　権利侵害および訴訟等

　10.1　いずれの当事者も、他の当事者に対する特許権、商標、商号、サービスマークまたは著作権の侵害、不公正な競争、または秘密情報またはトレードシークレットの不正使用を理由とする請求につき、他の当事者を免責しまたは防御する義務を負わないものとし、その請求または訴訟等については、各当事者がその費用およびそれに関し自己に下された判決を負担するものとする。

　10.2　第三者がライセンス技術に含まれる特許または著作権を侵害し、あるいはライセンス技術に含まれるトレードシークレットまたは秘密情報を不正使用した場合は、ライセンシーとライセンサーはそれらについて協議し協力して、いずれかの当事者がその第三者に対し訴訟を提起し、その訴訟からの補償を保有するものとする。ただし、両当事者が共同して訴訟を提起した場合は、その補償は、両当事者または（両当事者が合意できないときは）裁判所が決定した各当事者のその補償に対する権利の割合に応じ、分配されるものとする。

　10.3　ライセンシーは、ライセンス技術に関し、ライセンス地域で付与された特許権の有効性の防御に、または第三者によるその特許侵害に関する請求に、その特許の所有者としてのライセンサーをともに参加させる権利を有するものとする。この場合、ライセンシーは、それらにおいてライセンサーが被ったすべての費用を支払うが、それらから得られた補償は自己が保有するものとする。ただし、ライセンサーがその訴訟に参加して自己の費用を負担した場合は、第10条第2項に定められたように、その補償は分配されるものとする。

10.4 In the event any third party infringes in the Retained Territory any patent included in the New Technology or misappropriates any trade secret or confidential information included in the New Technology, Licensee and Licensor shall consult and cooperate with respect thereto, and either party may bring suit against such third party, retaining any recovery therefrom, provided that if both parties participate in such suit, any recovery shall be divided in proportion to each party's interest in the recovery as determined by the parties or, if they cannot agree, by the court.

10.5 Licensor shall have the right to join Licensee, as the owner of any patents issued in the Retained Territory with respect to the New Technology, in any defense of the validity of one or more of the claims of such patents and in any claim made regarding the infringement of any one or more claims of such patents by a third party. In such event, Licensor shall pay all expenses incurred by Licensee in such action and shall retain any recovery therefrom, unless Licensee participates in said suit and bears its own expenses, in which event the recovery shall be divided as stated in paragraph 10.4.

⋮

日本語訳

10.4　第三者が新技術に含まれる特許を保有地域で侵害し、または新技術に含まれるトレードシークレットまたは秘密情報を不正使用した場合は、ライセンシーとライセンサーはそれらについて協議し協力して、いずれかの当事者がその第三者に対し訴訟を提起し、その訴訟から得られた補償を保有するものとする。ただし、両当事者が共同して訴訟を提起した場合は、その補償は、当事者のその補償に対する権利の割合に応じ、両当事者の定めにより、または両当事者が合意できないときは裁判所の定めにより、分配されるものとする。

10.5　ライセンサーは、新技術に関し保有地域で付与された特許権の有効性の防御にまたは第三者によるその特許権の侵害に関する請求に、その特許の所有者としてのライセンシーをともに参加させる権利を有するものとする。この場合、ライセンサーは、それによってライセンシーが被ったすべての費用を支払うが、それから得られた補償は保有するものとする。ただし、ライセンシーがその訴訟に参加して自己の費用を負担した場合は、第10条第4項に定められたように、その補償金は分配されるものとする。

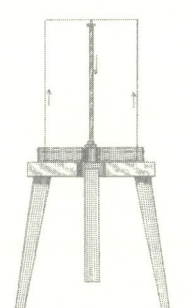

7 共同開発契約

◎──共同開発契約の基本構成

共同開発契約の基本的な構成は、以下のとおりです。

```
1 表題・前文
2 定義
3 一般条項
   i 共同開発の目的と対象の特定
   ii 当事者の責任分担（第2条）
   iii 当事者間の意思決定の方法
   iv 費用の分担
   v 第三者への業務委託の可否
   vi 当事者の技術の開示・利用許諾（第3、4条）
   vii 共同開発の成果物の評価および権利の帰属先（第6、7条）
   viii その利用方法、対価の支払い
   ix 有効期間と解約（第9条）
   x 秘密保持
   xi 競業禁止
   xii 共同開発の中止または終了
   xiii 共同開発終了後の処理
4 一般条項
5 契約書末尾
6 署名
```

◎──主たる条項例とポイント

共同開発契約における注意すべきおもな条項例とポイントは次のとおりです。

（1）開発の目的

開発の目的を契約上で明確にしておくべきです。本書の実例では、前文で、本契約の目的が、アメリカン社とジャパン社が双方の技術を持ちよって、ある製品を共同開発し、その開発した製品をジャパン社が製造し、アメリカン社が販売することを定めています。

（2）各当事者の責任分担

各当事者の責任分担を具体的に定めた規定です。

（3）ライセンスの付与

共同開発にあたっては、当事者はおたがいに相手方の技術を利用する必要があるため、交互に使用許諾のライセンスを付与する必要があります。

（4）情報の開示

当事者が相互に、共同開発に必要な技術・情報を相手方に開示することを定めた規定です。

（5）共同開発の成果物の評価

共同開発した成果物を商業的に製造し販売できるか、当事者で協議して決定する必要があります。それを定めたのが、この規定です。

（6）共同開発の成果物の権利の帰属およびその利用方法

共同開発の結果、得られた成果物の権利の帰属とその利用方法について定めた規定です。その製造・販売について別途契約を締結する場合もあります。特許出願等をする場合、その権利者（共有とするかどうか）や、その出願をする国、出願費用の負担者などを定める必要があります。

（7）契約の期間と契約の終了

契約の期間と契約の終了事由ならびに契約が、期間満了または終了した場合の効果と当事者の義務を定めています。

契約書

Joint Development Agreement

WHEREAS:

A. American has an exclusive right to produce chemicals (the "Chemicals") used to produce PTC ("Products") together with know-how for the Chemicals;

B. Japan Co. has an independent technology pertaining to Products (the "Technology") ;

C. American wishes to cooperate with Japan Co. on an exclusive basis, only in Japan and only during the one (1) -year term starting on the Effective Date (the "Feasibility Evaluation Period") , using the respective technologies of the two parties, to develop jointly Products which can be produced by Japan Co. for exclusive distribution by American (the "Development Project") ;

D. The parties wish, through this Agreement, to set out the manner in which each party will use certain confidential information disclosed by the other party, as well as the respective roles and responsibilities of the parties, for determining whether the Development Project is technically feasible;

NOW, THEREFORE, the parties agree as follows:

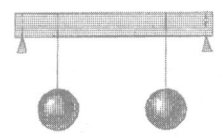

⋮

日本語訳

共同開発契約書

前文

　A．アメリカン社は、PTC（「本件製品」）を製造するために使用される化学品（「本件化学品」）を製造する独占的な権利を、そのノウハウとともに有している。

　B．ジャパン社は、本件製品に関する独自の技術（「本件技術」という）を有している。

　C．アメリカン社は、アメリカン社によって独占的に販売され、ジャパン社が製造しうる本件製品を共同開発するために、両当事者の技術を利用して、本契約発効日から１年間の期間（以下、「実効可能性評価期間」という）内のみ、日本国内で独占的にジャパン社と協力すること（以下、「開発プロジェクト」という）を望んでいる。

　D．両当事者は、本契約を通じて、本件開発プロジェクトが技術的に可能であるかについて検討するにあたり、相手方当事者から開示を受けた秘密情報を利用する方法、および両当事者のそれぞれの役割と責任を規定することを望んでいる。

　両当事者は、次のように合意する。

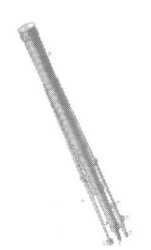

　　　　　　　　　　　　⋮

契約書

Article 2   Each Party's Role
(1) American shall have the primary responsibility for the following activities and obligations at its own costs:
providing dry Chemicals and formulations for mixing the Chemicals for the Product
providing the formulae for the associated chemistry
providing the pre-coating and coating process for the Japan's substrate

(2) Japan Co. shall have the primary responsibility for the following activities and obligations at its own costs:
supply of substrate
an experiment for application of the pre-coating process
supply of adequate solvent, and mixing of the dry Chemicals before coating and mixing the associated chemistry

Article 3   License
(1)   American hereby grants to Japan Co. a limited, revocable, non-transferable, non-sublicensable, royalty-free license to use the Chemicals for the purposes of this Agreement.

(2) Japan Co. hereby grants to American a limited, revocable, non-transferable, non-sublicensable, royalty-free license to use the Technology solely for the purposes of this Agreement.

日本語訳

第2条　各当事者の役割

（1）アメリカン社は、自己の費用をもって、下記の範囲の活動における主たる責任と義務を負う。

　本件製品のための乾性本件化学品と本件化学品を混合する製法の提供
　関連化学品の製法の提供
　ジャパン社の支持体のためのプレコーティングおよびコーティングのプロセスの提供

（2）ジャパン社は、自己の費用をもって、下記の範囲の活動における主たる責任と義務を負う。

　支持体の供給プレコーティングプロセスの応用実験
　適切な溶剤の供給およびコーティングする前の乾性本件化学品の混合

第3条　ライセンス

（1）アメリカン社は、本契約をもって、本契約のためのみ、本件化学品を使用するための制限された、取り消しできる、譲渡できない、再許諾できない、特許権使用料なしのライセンスをジャパン社に与える。

（2）ジャパン社は、本契約をもって、本契約のためのみ、本件技術を使用するための制限された、取り消しできる、譲渡できない、再許諾できない、特許権使用料なしのライセンスをアメリカン社に与える。

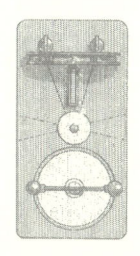

契約書

Article 4　Disclosure of Confidential Information

American and Japan Co. shall each disclose to the other party such proprietary information (the "Confidential Information") as the disclosing party, in its sole discretion, deems necessary.

⋮

Article 6　Evaluation of Result

(1) During the Feasibility Evaluation stage, the parties will jointly undertake the Product development and conduct the Product internal testing, as set out more particularly in Article 2, to determine whether the Development Project is technically feasible.

(2) If the Development Project is jointly determined to be technically feasible, American will supply Chemicals to Japan Co., and Japan Co. will manufacture and supply the Product for exclusive distribution by American subject to an agreement to be entered into separately by the parties.

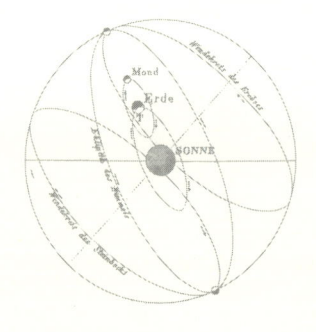

日本語訳

第4条　秘密情報の開示

　アメリカン社とジャパン社は、自らがその裁量で必要と判断する、その当事者が独占的権利を有する情報（「秘密情報」）を、相手方当事者に開示するものとする。

︙

第6条　成果物の評価

　（1）両当事者は、実行可能性評価期間、本件開発プロジェクトが技術的に可能であるかを決定するため、第2条にさらに詳細に規定されるとおり、共同で開発を行い、本件製品の内部試験を実行する。

　（2）両当事者が本件開発プロジェクトが技術的に実行可能と共同で決定した場合、別途当事者間で締結する契約にもとづいて、アメリカン社はジャパン社に本件化学品を供給し、ジャパン社はアメリカン社に対し、アメリカン社が独占的に販売する本件製品を製造し供給するものとする。

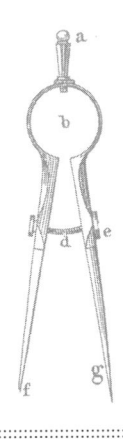

Article 7　Result of Joint Development

(1) Both parties shall own jointly an equal, undivided interest in all Intellectual Property related to any developments or improvements made jointly by American and Japan Co. (or any third parties acting on either party's behalf) during the term of and pursuant to this Agreement (the "Joint Technologies"). Both parties shall have the perpetual and <u>irrevocable</u>① right to exploit the Joint Technology as they see fit without payment of any royalties. If a co-owner licenses the Joint Technologies, the co-owner that has not granted the license shall indemnify and <u>hold its co-owner harmless against</u>② any damages, liabilities and costs arising under the license.

(2) American and Japan Co. shall disclose to each other all Joint Technologies promptly following its discovery and shall submit to the other party a written report on the Joint Technologies at the end of the Feasibility Evaluation Period, respectively.

(3) Either party may sell or transfer its ownership interest in the Joint Technologies, provided that the transferor shall give the other party a reasonable opportunity to acquire such ownership interest on <u>a right-of-first-refusal basis</u>③ (to be exercised within thirty (30) days) on the same terms and conditions on which the third party has offered to acquire such ownership interest.

日本語訳

第7条　共同開発の成果

（1）両当事者は、共同して、本契約に従って、アメリカン社とジャパン社が共同開発した（あるいは第三者が代わって行った）すべての知的所有権の開発と改良（「共同技術」）の権利を平等に、分割することなく、所有するものとする。両当事者は、ロイヤリティを支払わずに、共同技術を利用する永久の、取消不能の権利を有するものとする。共同技術の共同所有者の一方が、共同技術のライセンスを許可すれば、その許可をしないもう一方の共同所有者は、そのライセンスにおけるいかなる責任も負わないものとし、ライセンスを許可する一方は、そのライセンスから生ずる損害賠償、責任および費用について、他の共同所有者を補償し、免責するものとする。

（2）アメリカン社とジャパン社は、共同技術について、何か発見したときは、遅滞なく他当事者に開示し、実行可能性評価期間の最終日に、共同技術に関する報告書を他の当事者に、それぞれ、提出するものとする。

（3）いずれの当事者も、共同技術におけるその所有権を譲渡あるいは移転できる。ただし、譲渡する当事者は、第三者がその所有権を取得するために提示した条件と同じ条件で、他当事者に、先買権にもとづく（30日以内に行使すべき）その所有権を取得する合理的な機会を与えるものとする。

ワード＆ポイント

①irrevocable…「取消できない」「撤回できない」の意味です。
②hold its co-owner harmless against…「他の共同所有者を "against" 以下の損害、責任等を被らせないようにして、それから防御し、仮にそのような損害、責任を負ったときはその補償をする」という意味です。このような補償条項は"hold harmless clause"と呼ばれています。
③a right-of-first-refusal basis…「当該取引について、最初に優先して交渉できる権利」（先買権）のことです。

|契約書

(4) The parties shall equally bear the cost of filing patent applications in all jurisdictions as mutually agreed and any patent and patent application maintenance fees for the Joint Technologies, and of defending against claims that such Joint Technologies infringe the rights of third parties.

⋮

Article 9 Term and Termination

(1) Unless terminated earlier in accordance with Subsection (2), this Agreement will remain in effect until the end of the Feasibility Evaluation Period, which may be extended with the mutual written consent of American and Japan.

(2) If one of the parties has committed a breach of any obligation under this Agreement, and does not remedy the breach within thirty (30) days of notice of such breach, then the party not in breach may immediately terminate this Agreement without further notice to the party in breach.

(3) The provisions of Article 8, 9 and 11 shall survive the termination or expiry of this Agreement for 5 years and the provision of Article 7 will survive indefinitely the termination or expiry of this Agreement.

(4) Upon the expiry or termination of this Agreement, each party shall return to the disclosing party all Confidential Information, equipment and materials.

⋮

日本語訳

（４）両当事者は、相互に合意されたすべての法域（国）における特許申請費用と共同技術のすべての特許と特許申請維持費用、および上述の共同技術が第三者の権利を侵害するという損害賠償の請求に対抗する費用を平等で分担するものとする。

…

第９条　有効期間と解約

（１）第２項に従って、早期に解約される場合以外は、本契約は、実行可能性評価期間の終了まで有効であるが、アメリカン社とジャパン社相互の書面の合意があれば、その期間を延長することができるものとする。

（２）もし一方が本契約における義務に違反した場合、その違反の通告から30日以内に、その違反を是正しなければ、違反をしなかった当事者は、違反した当事者にさらに通告せずに、ただちに本契約を解約できるものとする。

（３）第８条、第９条、第11条の規定は、本契約の解約あるいは期間満了にもかかわらず、５年間、有効に存続し、第７条は、本契約の解約または期間満了にもかかわらず、不確定期間にわたり有効に存続する。

（４）本契約が解約あるいは期間満了と同時に、当事者は開示した相手方当事者にそのすべての秘密情報、設備および資料を返還するものとする。

…

8 企業買収契約（株式売買契約の場合）

◎──企業買収契約の基本構成

企業買収契約の一般的な構成は、次のとおりです。

```
1 表題・前文
2 定義
3 本体条項
  ⅰ 株式売買（第2条）
  ⅱ クロージング（第3条）
  ⅲ クロージングの条件
  ⅳ 売主の表明・保証（第4条）
  ⅴ 買主の表明・保証
  ⅵ 売主の被買収会社の調査
  ⅶ 売主の誓約（第5条）
  ⅷ 買主の誓約
  ⅸ 売主の補償（第8条）
  ⅹ 買主の補償
4 一般条項
5 契約書末尾
6 署名
```

◎──主たる条項例とポイント

企業買収契約における注意すべき主たる条項例とポイントは、次のとおりです。

（1）株式売買

株式売買の売買価格、支払方法、クロージング後の売買価格の調整（売買価格は、被買収会社の直近の事業年度の財務書類をもとに決定されるた

め、その末日から売買実行日のクロージング日までの財務状態の変化に応じて売買価格が調整されることになります）などが定められています。

（2）クロージング
売買を実行するクロージング（売買決済）を行う日時、場所およびクロージング時における売主と買主のそれぞれの義務を定めています。このクロージング時に、株式が移転され、その移転に必要な行為がなされます（株券の移転、株主名簿の登録、取締役会決議など）。

（3）売主の表明・保証
被買収会社のさまざまな事項について、売主が表明・保証する条項です。この表明・保証事項が事実と異なっていることが判明した場合は、売主は買主に対して、下記の補償条項に従って、その損害を補償することになります。ただし、実務上は、その損害賠償金額の確定と立証が難しいという問題があります。

（4）売主のクロージング前の義務
売主がクロージング日までに負う義務を定めています。クロージングまでに、被買収会社に重大な変化を生じさせないこと、買主に被買収会社の十分な調査をさせること、必要な第三者の同意等を取得することなどです。

（5）当事者の補償
各当事者の表明・保証違反またはその他の債務不履行があったとき、他方の当事者が被った損害を、その当事者が補償する範囲を定めた規定です。本書の実例では、売主の保証期間はある特定の日（「カットオフ日と定義されています）までで、補償金額は上限は3億円に限定されています。

契約書

Merger & Acquisition Agreement

⋮

Article 2   Sale and Purchase of Shares

2.1   The Sale and Purchase

Upon the terms and subject to the satisfaction of the conditions contained in this Agreement, on the Closing Date the Seller shall sell the Shares to the Buyer, and the Buyer shall purchase them from the Seller.

2.2   Purchase Price

Subject to the adjustments set forth in Article 2.4 hereof, the aggregate amount to be paid by the Buyer to the Seller for the transactions contemplated hereby shall be one billion Yen (¥1,000,000,000) (the "Purchase Price").

2.3   Payment at the Closing

On the Closing Date, the Buyer shall pay the Purchase Price.

2.4   Adjustment of Purchase Price

The Purchase Price shall be subject to adjustment after the Closing as specified in this Article 2.4.

日本語訳

企業買収契約書

⋮

第2条　本件株式の売買

2.1　売買

　本契約中の各項に従い、かつ本契約中の全条件が充足していることを条件として、クロージング日において、売主は、買主に対し本件株式を売り渡し、買主は、売主からこれらを買い取るものとする。

2.2　売買価格

　本契約第2条第4項に規定された調整の下に、本契約で企図される取引について、買主が売主に支払う総額は10億円（「本件売買価格」）とする。

2.3　クロージングにおける購入価格の支払い

　買主は売主に対して、クロージング日に、本件売買価格を支払うものとする。

2.4　売買価格の調整

　本件売買価格は、本第2条第4項に規定されるクロージング後の調整がなされるものとする。

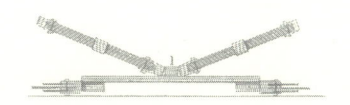

契約書

(a) As promptly as practicable, but in any event within ninety (90) calendar days following the Closing Date, the Buyer shall prepare the Closing Balance Sheet at the Buyer's expense, together with a report thereon of the accountants appointed by the parties stating that the Closing Balance Sheet fairly presents the financial position of the Company at the Closing Date in conformity with Japanese GAAP, and shall notify the Seller of the difference between the Net Asset Value as of December 31, 2001 and the Net Asset Value on the Closing Balance Sheet.

(b) The Buyer shall pay to the Seller the amount of the positive difference set forth in Article 2.4 (a) above, if any, and the Seller shall pay to the Buyer the amount of the negative difference set forth in Article 2.4 (a), if any, in Japanese Yen on the seventh (7th) day after the Seller receives the Notice of the difference set forth in Article 2.4.

Article 3 Closing

3.1 Closing Date and Place

The closing of the sale and purchase transaction contemplated by this Agreement (the "Closing") shall take place at the offices of the Seller, 3-22, Toranomon 2-chome, Minato-ku, Tokyo, Japan, at 1:00 p.m. on June 1, 2002 or such other date and time as may be agreed upon between the parties hereto (the "Closing Date").

日本語訳

（a）買主は、現実に可能なかぎりすみやかに（ただし、いかなる場合であってもクロージング日から90日以内に）、買主の費用負担により、日本のGAAP（一般的に認められた会計原則）に適合したクロージング貸借対照表とクロージング日における本会社の財務状況を公正に反映している旨を表明する両当事者が任命した会計士のクロージング貸借対照表に関する報告書とともに作成し、平成13年12月31日現在の純資産額とクロージング貸借対照表上の本会社の純資産額の差額につき、売主に通知するものとする。

（b）売主が第2条第4項（a）で定める差額の通知を受けてから7日以内に、第2第4項に定める差額が正である場合は買主が売主に対し、第2条第4項（a）に定める差額が負である場合は売主が買主に対して、当該差額を日本円で支払うものとする。

第3条　クロージング
3.1　クロージング日および場所
　本契約で意図される売買取引のクロージング（以下、「クロージング」という）は、日本国東京都港区虎ノ門2丁目3番22号所在の売主の事務所において、2002年6月1日午後1時または本契約の当事者が合意するその他の日時（以下「クロージング日」という）に行われるものとする。

ワード＆ポイント

①As promptly as practicable…「実際的に可能な範囲でできるだけ早く」の意味です。あいまいな語句ですが、英文契約書ではよく使われます。
②the Closing Balance Sheet…「クロージング時現在の貸借対照表」の意味です。大文字で書かれているのは、定義条項で定義されているからです。
③Japanese GAAP…GAAPはgenerally accepted accounting principlesの略で、「日本で一般的に認められた会計原則」のことです。
④Net Asset Value…「純資産価額」の意味です。大文字で書かれているのは、定義条項で定義されているからです。
⑤positive difference、negative difference…2001年12月31日の被買収会社の純資産額とクロージング時現在の貸借対照表上の被買収会社の純資産額を比較し、それがプラスのとき（positive）は買主が売主に支払い、マイナス（negative）のときは売主が買主に支払うことで、資産額の変動を調整しています。

3.2 Seller's Actions at the Closing

At the Closing, the Seller shall take the following actions:

(a) The Seller shall deliver to the Buyer certificates representing the Shares.

(b) The Seller shall cause the Company to record the Buyer on the shareholder registers of the Company as the holders of all of the Shares.

(c) The Seller shall deliver to the Buyer a copy of the minutes of the board meetings of the Seller approving the transaction contemplated herein.

(d) The Seller shall deliver to the Buyer a copy of the minutes of the board meetings of the Company approving the transfer of shares.

3.3 Buyer's Actions at the Closing

At the Closing, the Buyer shall take the following actions:

(a) The Buyer shall pay the Purchase Price set forth in Article 2.4 by electronic bank transfer of immediately available funds to the account designated by the Seller.

(b) The Buyer shall deliver to the Seller a copy of the minutes of the board meetings of the Buyer approving the transactions contemplated herein.

(c) The Buyer shall deliver to the Seller a receipt for the share certificates representing the Shares.

日本語訳

3.2　クロージングにおける売主の行為

　クロージングにおいて、売主は、以下の行為を行うものとする。

　(a) 売主は、買主に対し、本件株式を表章する株券を引き渡すものとする。

　(b) 売主は、本会社をして、買主を、本件株式すべての所有者として、本会社の株主名簿に登録せしめるものとする。

　(c) 売主は、買主に対し、本契約で企図される取引を承認する売主の取締役会議事録の写しを引き渡すものとする。

　(d) 売主は、買主に対し、本件株式の譲渡を承認する本会社の取締役会議事録の写しを引き渡すものとする。

3.3　クロージングにおける買主の行為

　クロージングにおいて、買主は、以下の行為を行うものとする。

　(a) 買主は、第2条第4項に定められた売買価格を、売主が指定した口座に即時利用可能な資金を電信振込みにて支払うものとする。

　(b) 買主は、売主に対し、本契約で企図される取引を承認する買主の取締役会議事録の写しを交付するものとする。

　(c) 買主は、売主に対し、本件株式を表章する株券の受領証を交付するものとする。

ワード＆ポイント
①minutes…会社の株主総会や取締役会の議事録のとです。
②electronic bank transfer of immediately available funds…銀行の電信送金のことです。

契約書

Article 4　Seller's Representative and Warranties

Except as otherwise disclosed to the Buyer in writing prior to the date hereof or expressly provided herein, the Seller represents and warrants to the Buyer as follows as of the date hereof and the Closing Date, except for representations and warranties made as of a specific date, which shall remain true and correct as of such date:

4.1　Corporate Existence and Power

The Company is a corporation duly organized and validly existing, under the laws of Japan. The copies of the Company's Articles of Incorporation and all amendments thereto, which have been delivered to the Buyer, are complete and correct as of the date of this Agreement. The Company is duly licensed or qualified in all jurisdictions where such licensing or qualification may be required. The execution and delivery of this Agreement and the consummation of the transactions contemplated hereby will not conflict with, or result in a breach of the terms, conditions or provisions of, or constitute a default under the Articles of Association of the Company, any agreement or instrument, or be a violation of any law or regulation under which the Company is bound or otherwise affected.

4.2　Capitalization

(a) The authorized capital stock of the Company consists exclusively of three thousand (3,000) shares of common stock of which eighteen hundred (1,800) shares (the "Shares") were issued and outstanding on the date of this Agreement.

日本語訳

第4条　売主の表明および保証

本契約締結前に買主に対し、別途開示されたものまたは本契約に明記されたものを除き、売主は、買主に対し、本契約締結日現在およびクロージング日現在において、以下のことを表明し、保証する。ただし、ある表明および保証が特定の日付でなされているときは、当該表明および保証は、当該日付時点で真実かつ正確であるものとする。

4.1　法人たる存在ならびに権能

本会社は日本法の下で適法に設立され、有効に存在している。買主に対してすでに交付されている本会社の定款ならびにそのすべての修正の写しは、本契約日の時点で完全かつ正確である。本会社は認可または資格の付与が必要な法域（国）では、すべての必要な認可または資格の付与を適法に受けている。本契約の締結および交付ならびに本契約により意図されている取引の履行は、本会社の定款、本会社が拘束され、もしくはその他の点で影響を受ける契約もしくは証書（法的効力を有する文書）の条項もしくは条件の違反または不履行とはならず、また本会社が拘束され、その他の点で影響をうける法令の違反とはならない。

4.2　資本

（a）本会社の授権資本は3,000株のみであり、本契約日現在で、そのうち1,800株（「本株式」）が発行済株式である。

ワード＆ポイント

①duly organized and validly existing…「当該会社が適法（適式）に設立され、現在も有効に存在している」ことを意味します。
②Articles of Incorporation…会社の定款のことです。

(b) There are no outstanding subscriptions, options, rights, warrants, calls, commitments or other agreements to which the Company is a party or by which it is bound relating to its common stock or preferred stock. The Shares are duly authorized, validly issued, fully paid, non-assessable, and free and clear of any liens or encumbrances.

4.3 Corporate Action

This Agreement, the instruments and documents referred to herein and the transactions contemplated hereby shall have been approved by all requisite corporate action on the part of the Company and the Seller as of the Closing Date.

4.4 Financial Statements

The Buyer has been furnished with copies of the Company's financial statements for three fiscal periods ending on December 31, 2001. Said financial statements are complete and correct and fairly present the financial condition of the Company at the dates of said balance sheets and have been prepared in accordance with Japanese GAAP.

日本語訳

(b) 本会社がその株式に関して当事者となり、または拘束されるなんらの応募、オプション、権利、ワラント、コール、約束または契約は存在しない。本株式は、適法に授権され、有効に発行され、全額払い込まれ、追加出資義務がなく、なんらの先取特権または担保権の対象になっていない。

4.3　会社の行為

本契約、本契約中に言及の書類および文書、および本契約の意図する取引は、クロージング日までに本会社および売主で必要とされるすべての会社の行為（内部手続）によって承認されているべきものである。

4.4　財務書類

買主は、2001年12月31日に終了した3事業年度の本会社の財務書類を付与されている。その財務書類は完全かつ正確であり、当該貸借対照表日現在の本会社の財務状況を公正に提示しており、日本のGAAPに従って作成されたものである。

ワード＆ポイント

①options, rights, warrants, calls, commitments…"option"はオプション（株式買取選択権）、"warrant"はワラント（新株予約権付社債の新株予約権）、"calls"はコール（株式買付選択権）、"commitment"はコミットメント（約束）を意味します。
②preferred stock…優先株のことです。
③non-assessable…"assess"は「出資金を課する」の意味で、"non-assessable"は「追加の出資金支払義務のないこと」を意味します。
④requisite corporate action…会社内の必要手続（取締役会の決議など）のことです。
⑤fairly present the financial conditions of the Company…「（財務書類が）会社の財務状態を公正に表示している」ことを意味します。

契約書

4.5 Absence of Undisclosed Debts

To the knowledge of the Seller, there are no liabilities of the Company, whether or not of a nature required by Japanese GAAP to be reflected on a financial statement, other than liabilities (a) reflected or reserved against on the balance sheet as of December 31, 2001, (b) disclosed in Schedule 4.5 hereto, or (c) incurred in the ordinary course of business, consistent with the past practice, of the Company, and which do not and could not have a Material Adverse Effect. Reserves are reflected on the balance sheet as of December 31, 2001 against all liabilities of the Company, as the case may be, in amounts that have been established on a basis consistent with the past practices of the Company and in accordance with Japanese GAAP.

4.6 Absence of Material Changes

Since December 31, 2001, there has not been (i) any change in the financial conditions, assets, liabilities, or business of the Company, other than changes in the ordinary course of business, none of which has been materially adverse; (ii) any damage, destruction, or loss, whether or not covered by insurance, materially or adversely affecting the property or business of the Company; (iii) any declaration, or setting aside or payment of any dividend or other distribution in respect of the Company's capital stock out of the earnings of the current accounting period, or any direct or indirect redemption, purchase, or other acquisition of any such stock; (iv) any unusual increase in the compensation payable or to become payable to any of the officers, employees, or agents, of the Company or any unusual bonus payment or arrangements made to or with any of them; or (v) any labor trouble or any event or condition of any character, materially and adversely affecting the business or prospects of the Company.

日本語訳

4.5　非開示債務の不存在

売主が知るかぎり、日本のGAAP上財務諸表に記載することが要求される性質のものであるかどうかを問わず、(a) 2001年12月31日現在の貸借対照表において記載され、もしくは引当てられているもの、(b) 別紙4.5において開示されているもの、(c) 通常の業務の過程において発生したもので、本会社の過去の実務に適合していて、財務に実質的な悪影響をおよぼさず、もしくは影響することのない債務以外には、債務は存在しない。引当金は、本会社のすべての債務について、日本のGAAPに従い、本会社の過去の実務に適合する基準で積み立てられた金額で、2001年12月31日現在の貸借対照表に記載されている。

4.6　実質的な変化の不存在

2001年12月31日以降、下記のものは存在しない。

(i) 本会社の財務状況、資産、債務または業績の変化のうち、通常の事業活動における変化を除いて、実質的に会社にとって不利となるもの。

(ii) 保険により保護されているかどうかを問わず、本会社の財産または事業に実質的または不利な影響をおよぼす損害、破壊または損失。

(iii) 本会社の株式に関する現会計期の収益からの配当その他の利益分配の宣言、引当、または支払いおよびかかる株式の直接もしくは間接の償還、買入またはその他一切の取得。

(iv) 本会社の役員、従業員または代理人に対し、支払われもしくは支払われるべき報酬の通常的でない増額、またはこれらの者に対する通常的でないボーナスの支払いまたは取り極め。

(v) 本会社の営業または将来の見込みに実質的でかつ不利な影響をおよぼすような労働問題、またはすべての種類の事由もしくは状況。

ワード&ポイント　①redemption…株式の償還（会社による株式買戻し）のことです。

4.7 Assets

The Company has good and marketable title to all its properties and assets, real and personal, including those reflected in the balance sheet as of December 31, 2001 (except as since sold or otherwise disposed of in the ordinary course of business), subject to no security interests, mortgage, pledge, lien, conditional sale agreement, encumbrance, or charge, except for liens shown on said balance sheet as securing specified liabilities set forth therein (with respect to which no default exists), and except for minor imperfections of title and encumbrances, if any, which are not substantial in amount, do not materially detract from the value of the properties subject thereto, or materially impair the operations of the Company, and have arisen only in the ordinary course of business.

4.8 Conditions of Buildings and Equipment

All building and equipment of the Company is in good condition and repair and in conformity with all applicable laws and regulations.

日本語訳

4.7 資産

本会社は、2001年12月31日現在の貸借対照表に反映しているものを含め（ただし、通常の営業活動において上記時点以来、売却その他処分されたものを除く）、そのすべての財産ならびに資産、不動産ならびに動産に対し、完全かつ売買可能な権原を有しており、それはなんらの担保、抵当権、質権、先取特権、条件付売買契約、不動産上の負担またはその他の負担の対象となっていない（ただし、当該貸借対照表に記載された特定の債務を担保するものとして、同表中に示された先取特権《これに関して、債務不履行はなんら存在しない》およびもし権原の瑕疵およびなんらかの負担があったとしても実質的な額のものではなく、その下にある財産の価値を大きく減ずるものではなく、または本会社の業務を実質的に損なうものでもなく、営業の通常の過程においてのみ発生したものは除く）。

4.8 建物および設備の状態

本会社のすべての建物および設備は、良好な状態で手入れが行き届いており、すべての適用ある法令および規則に適合している。

ワード＆ポイント

①title…権原（その資産を使用、享受、処分できる権利）の意味です。
②security interests…「担保権」の意味です。
③mortgage…日本の抵当権に類似した担保権です。
④pledge…日本の質権に類似した担保権です。
⑤lien…日本の先取特権に類似した担保権です。財産についた担保権や負担一般の意味で使われることもあります。
⑥encumbrance…不動産につけられた担保権や負担を意味します。財産についた担保権や負担一般の意味で使われることもあります。
⑦charge…「責任」「担保」「負担」の意味で多義的に使われます。
⑧minor imperfections…（権原に）瑕疵（欠陥）があっても、それが問題にしなくともよいほど小さなものであることを意味します。

4.9　Contracts

The Seller has delivered to the Buyer for its inspection true and correct copies of all the written material contracts as described in Schedule 4.9 attached hereto. The Seller represents and warrants that other than those contracts, there are no contracts which do or will materially affect the business affairs of the Company. The Company has complied with all provisions of all contracts and commitments to which any of them is a party, and they are not in default under any of them.

4.10　Litigation

The Company has neither been nor is a party to any suit or proceeding in any court or before any governmental board or agency, and, to the best of its knowledge, no litigation, proceeding or controversy has been threatened against the Company which would have a materially adverse effect on the Company.

4.11　Tax Returns and Liabilities

The Company (i) has filed all income tax returns required to be filed by any jurisdiction⑴ to which it is or has been subject, (ii) has either paid in full all taxes and assessments of a material nature due in each such jurisdiction, or provided adequate reserves for the payment thereof, and (iii) has fully accrued on its books all income taxes for any period which are not yet due.

日本語訳

4.9　契約

売主は買主に対し、買主の調査のために、別紙4.9に記載されたすべての重要な契約書の真正で正確な写しを交付した。売主は、それらの契約以外に、本会社の事業に実質的な影響を与える契約は存在しないことを表明し、保証する。売主が知るかぎり、本会社は、当事者となっているすべての契約および約束に違反しておらず、それらは不履行となっていない。

4.10　訴訟

本会社は一切の裁判所または政府機関等において一切の訴訟行為または争訟の当事者となってはおらず、その知るかぎりでは、本会社に重大な悪影響をおよぼすような訴訟または争訟もしくは紛争で、本会社に対して起こりそうなものはない。

4.11　法人税の申告および責任

本会社は、(i) 同社が現在またはこれまでその管轄の下にあった国家等より要求されるすべての法人税の確定申告書を提出しており、(ii) 当該国家等の下で支払われるべきすべての課税、賦課金等（軽微なものを除く）をすべて全額納入したか、またはそれを納入するため適切な引当金を計上しており、(iii) 未だ納入期の到来しない期間に対するすべての法人税等をその帳簿に全額計上してある。

ワード＆ポイント

①jurisdiction…管轄権（司法権や行政権を行使しうる権限）を意味し、ここでは徴税権を行使できる国家や地方自治体を意味します。

4.12 Intellectual Property

To the best of the Seller's knowledge after reasonable inquiry to appropriate officers or employees of the Company, the Company's operations do not presently infringe upon the intellectual property of any third party. The Company has not received any claim for infringement of the intellectual property in connection with the operations of the Company.

4.13 Environment

To the best of the Seller's knowledge after reasonable inquiry to appropriate officers or employees of the Company, the Company is in compliance with, in all material respects, all Japanese environmental, health and safety laws and regulations and has not received notice of any environmental, health and safety liability or any violation of any permits or licenses or any Japanese environmental health or safety laws and regulations which relate to the operation of the Company's businesses or to the use, ownership or occupancy of any locations where the Company conducts its business.

4.14 Labor Matters

The Company has not failed to comply with any applicable laws and regulations concerning the employer/employee relationship and with all of its agreements relating to the employment of its employees, including, without limitation, provisions thereof relating to wages, bonuses, retirements benefits, hours of work and the payment of social security taxes.

日本語訳

4.12　知的所有権

売主が本会社の適任の役員または従業員に相当な調査をした後、売主の知るかぎりでは、本会社は、現在、いかなる第三者の知的所有権も侵害していない。本会社は、その事業に関して、知的所有権侵害のクレームを受けていない。

4.13　環境問題

売主が本会社の適任の役員または従業員に相当な調査をした後、売主の知り得るかぎりでは、本会社は、すべての重要な点において、すべての日本の環境法、衛生安全法およびそれらの規則を遵守しており、本会社の事業または本会社が事業を営んでいる場所の使用、所有または占有に関して、環境法または衛生安全法における責任に関する通知または許可、ライセンスもしくは日本の環境法もしくは衛生安全法の法令に違反する旨の通知を受けたことはない。

4.14　労働問題

本会社は、雇用関係に関して適用される法律および規則、ならびにすべての雇用契約（賃金、ボーナス、退職金、労働時間、社会保険料の支払いに関する規定を含むが、それに限られない）に違反していない。

ワード&ポイント

①reasonable inquiry…"reasonable"が「合理的な」「相当な」の意味で、ここでは単なる通りいっぺんの調査ではなく、ある程度、相当の調査をすることを意味しています。

4.15 Disclosure

No representation or warranty by the Seller in this Agreement, nor any statement or certificate furnished or to be furnished to the Buyer pursuant hereto, or in connection with the transactions contemplated hereby, contains or will contain any untrue statement of a material fact, or omits or will omit to state a material fact necessary to make the statements contained therein not misleading.

Article 5   Covenants of the Seller

The Seller covenants and agrees with the Buyer that:

5.1   Conduct of Business of the Company

From the date hereof through the Closing Date, except as contemplated by this Agreement or as agreed upon by the parties hereto, the Seller, as the sole shareholder of the Company, shall cause the Company to conduct its businesses and operations only in the ordinary course of business, in substantially the same manner as heretofore conducted.

5.2   Access to Information

From the date hereof through the Closing Date, upon reasonable notice, the Seller shall cause the Company to allow the Buyer and its authorized representatives to have full access during the normal business hours of the Company to all books, records, offices and other facilities and properties of the Company.

日本語訳

4.15 開示

本契約中の売主による一切の表明ならびに保証、および本契約に従い、本契約の下で予想される取引に関係して買主に提供し、または提供されるべき書面ならびに証明書は、重要な事実で、不真実な陳述を一切含んでおらず、また将来含むことはなく、それらに含まれる陳述を誤導させないために必要な重要事実の陳述が省かれておらず、将来省かれることはない。

第5条　売主の誓約

売主は、買主に対し、以下のとおり誓約し、合意する。

5.1 本会社による事業の遂行

本契約締結日からクロージング日までの間、本契約において意図され、または本契約当事者が合意した場合を除き、売主は、本会社の唯一の株主として、本会社をして、本契約締結日以前と実質的に同一の方法による通常の業務においてのみ、その事業および業務を遂行せしめるものとする。

5.2 情報へのアクセス

本契約締結日からクロージング日までの間、売主は、合理的な通知があれば、本会社をして、本会社の通常の営業時間内において、本会社の帳簿、記録、事務所その他の設備および財産に対し、完全にアクセスする権限を買主および買主の援護された代表に付与することを認めさせるものとする。

ワード&ポイント

①untrue statement of a material fact…ここの "material" も「実質的な」の意味で、買主の判断や評価に実質的に影響を与えるような事実についての虚偽を意味しています。

②in the ordinary course of business…「通常の業務」の意味です。通常行っている業務を行い、特別変わったことをして被買収会社の資産評価に影響を与えないことを意味しています。

| 契約書

5.3 Consents and Notices

From the date hereof through the Closing Date, the Seller shall exert its best efforts to obtain (or cause the Company to obtain), upon reasonable terms and conditions, all authorizations, consents and approvals, to complete all filings, registrations and notifications, and to satisfy all other requirements prescribed by laws or regulations that are necessary to consummate the transactions contemplated by this Agreement.

︙

Article 8 Survival of Representations and Warranties and Indemnity

8.1 Survival Period

The representations and warranties contained in Articles 4 and 5 shall survive for a period from the date of this Agreement through the Cutoff Date.

8.2 Indemnity by the Seller

The Seller shall indemnify and hold harmless the Buyer from and against all actual losses, liabilities, damages, deficiencies, costs or expenses (including reasonable attorneys' fees) reasonably attributable to the breach of any representation or warranty or any other obligations of the Seller contained in this Agreement. Any amount of compensation due to the Buyer shall be limited to three hundred million yen (¥300,000,000).

日本語訳

5.3 同意および通知

　本契約締結日からクロージング日までの間、売主は、本契約で意図されている取引を完遂するために必要な法律、または規則に定められたその他のあらゆる要求を満足させるために、すべての認可、同意および承認を、合理的な条件の下で取得し、あらゆる申請、登録および届出を完了する（または本会社をしてそのように取得させ、完了させる）よう最善の努力をなすものとする。

︙

第8条　表明・保証の存続と補償

8.1　存続期間

　第4条および第5条の表明・保証は、本契約日からカットオフ日までの期間、存続するものとする。

8.2　売主による補償

　売主は買主に対して、本契約の売主の表明・保証義務違反、またはその他の義務違反に、通常、起因するすべての実際の損失、責任、損害、不足、費用または支払い（合理的な弁護士費用も含む）について補償し、なんら損失を被らせないものとする。買主に対する補償は3億円を限度とする。

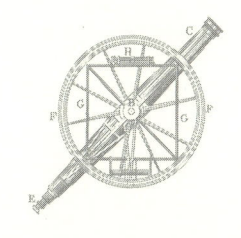

9 合弁契約

◎──合弁契約の基本構成

合弁契約書の基本的な構成は次のとおりです。

```
1 表題・前文
2 定義
3 本体条項
  ⅰ 合弁会社の設立（第2条）
  ⅱ 合弁会社の資本（第3条）
  ⅲ 合弁会社の経営（第4条）
  ⅳ 合弁会社の施設・事業の運営
  ⅴ 合弁会社の資金調達（第5条）
  ⅵ 合弁会社の会計（第6条）
  ⅶ 関連契約
  ⅷ 合弁会社の株式譲渡の制限・株式先買権（第8条）
  ⅸ 合弁関係の解消（第12条）
  ⅹ 合弁会社の合意（第13条）
4 一般条項
契約書末尾
署名
```

◎──主たる条項例とポイント

合弁契約における主たる条項例と注意すべきポイントは、次のとおりです。

（1）合弁会社の設立

合弁会社の設立の方法、名前、目的などを定めた規定です。

（2）合弁会社の資本金
　各当事者の払込資本金について定めるとともに、合弁会社は、各当事者の株主比率を維持するように、新株等を発行することを定めた規定です。

（3）合弁会社の経営
　合弁会社の経営の基本事項を定めた規定で、役員の選任の方法や、株主総会の決議を要する事項、その決議方法を定めています。

（4）合弁会社の資金調達
　合弁会社がさらなる運営資金が必要になったとき、その資金をどのように調達するかについて定めた規定です。各当事者が資金提供する義務があるかどうか、明確にしておくべきです。

（5）合弁会社の会計・配当
　合弁会社の会計記録の作成、保存、当事者の会計記録の検査権、財務書類の作成、財務書類の当事者への提出、利益配当の方針などについて定めた規定です。

（6）株式譲渡制限・株式先買権
　一方の当事者が、他方の当事者の同意なくして、合弁会社の株式を処分することを禁止するとともに、一方の当事者が株式の売却を望むときは、他方の当事者が優先的にそれを購入することができると定めた規定です（「株式先買権」といいます）。なお、他方当事者は複数になっていますが、これは、今後、一部株式を取得した第三者が本契約の当事者となって、当事者が三名以上になることがあるからです。

（7）合弁関係の解消
　一方の当事者が破産した場合や、契約違反があった場合の、合弁関係の解消方法について定めた規定です。

契約書

Shareholders Agreement

⋮

Article 2　Formation of Corporation

2.1　The Parties hereto herby agree to cause to be organized, under the laws of Japan, a new corporation to be named ＿＿＿＿＿＿ (the "Corporation"), with Articles of Incorporation in the form attached hereto as Exhibit A. In the event of any inconsistency between the terms of this Agreement and the Articles of Incorporation, the terms of this Agreement shall govern.

2.2　The business of the Corporation shall be to produce and market electronic equipment products ("Products"). The Corporation may also engage in such other business as may be agreed upon from time to time by the unanimous vote and consent of all members of the Board of Directors of the Corporation.

Article 3　Capitalization of Corporation

3.1　The Corporation shall have an authorized capital stock of eight thousand (8,000) shares of common stock (such shares and any other shares hereafter authorized and issued by the Corporation being hereinafter collectively referred to as the "Stock"). Each share of the Stock shall be identical in all respects, including the right to receive dividends, and each share of the Stock shall have the right to one vote on all matters presented to a vote of the shareholders at all general and special meetings.

日本語訳

合弁契約書

⋮

第2条　会社の設立

2.1　両当事者は、本契約書に添付する付属書Aの内容の定款をもって、日本法にもとづき、＿＿＿＿＿＿＿という名前の新会社（「新会社」）を設立することに合意する。本契約の条項と定款の条項が抵触するときは、本契約の条項が優先する。

2.2　新会社の事業は、電子機器製品（「本製品」）の生産および販売とする。新会社は、適宜、その取締役会が全員一致をもって決定したほかの事業も営むことができる。

第3条　会社の資本

3.1　新会社の授権資本株式は普通株式で、発行総数8,000株とする（この授権資本株式および新会社により、以後、授権され発行される株式を、総称して、以下、「本件株式」という）。各本件株式は、配当受領権を含むすべての点において、その内容は同一であり、すべての定時株主総会および臨時株主総会に、その議決のため上程されるすべての事項に関し、それぞれ1議決権を有するものとする。

ワード＆ポイント

①the unanimous vote…「全員一致の議決」の意味です。
②the Board of Directors…「取締役会」のことです。
③identical in all respects…「（すべての各株式が）すべての点で同一である」の意味です。
④general and special meetings…前者が定時株主総会を、後者が臨時株主総会を、それぞれ意味します。

| 契約書

3.2 American hereby subscribes for and agrees to purchase one thousand (1,000) shares of the Stock at an aggregate purchase price of fifty million Yen (¥50,000,000), to be paid in cash on the date of incorporation of the Corporation. Japan Co. hereby subscribes for and agrees to purchase one thousand (1,000) shares of the Stock at an aggregate purchase price of fifty million Yen (¥50,000,000), to be paid in cash before the date of incorporation of the Corporation.

3.3 Except as otherwise unanimously agreed by the parties from time to time, the Corporation shall not authorize or issue any additional shares of the Stock or any other equity security of the Corporation of any class, kind or series, or any options to purchase or other security convertible into such security, without first offering to each of the Parties hereto that portion of the Stock, or other securities or options to be issued, as would entitle such Party to maintain its proportionate holding of the share capital of the Corporation.

Article 4　Management of the Corporation

4.1 Except as may be otherwise expressly provided in this Agreement, the business affairs of the Corporation shall be managed and conducted by its Board of Directors as provided by law and by the Articles of Incorporation of the Corporation.

日本語訳

3.2　アメリカン社は、本件株式の1,000株を引き受け、かつ新会社設立日に、合計5,000万円を、現金で払い込んで購入することに合意する。ジャパン社は、1,000株を引き受け、新会社設立日前に、合計5,000万円を、現金で払い込んで購入することに合意する。

3.3　両当事者が、適宜、異議なく合意した場合を除いて、新会社は、各当事者の新会社における所有持分比率を維持するために、最初に、各当事者に対し、それらを申し出なければ、本件株式または新会社のその他の持分証券（その種類等を問わない）あるいは新株予約権証券、またはそのような証券に転換しうるその他の証券を授権し、または発行してはならないものとする。

第4条　会社の経営

4.1　本契約において、別段に明示して定める場合を除いて、新会社の業務は、法律ならびに新会社の定款の定めるとおり、取締役会により運営され遂行されるものとする。

ワード＆ポイント
①the date of incorporation of the Corporation…「会社設立日」のことです。
②its proportionate holding of the share capital of the Corporation…「(各株主の)保有する株式の割合」のことです。

| 契約書

4.2 The Board of Directors shall at all times consist of four (4) members. For so long as any party to this Agreement holds not less than 26% of the outstanding stock of the Corporation, such party shall have the absolute right to elect two (2) members of the Board of Directors. For so long as American and Japan Co. each own not less than 26% of the outstanding stock of the Corporation, the chairman of the Board of Directors shall be appointed in alternate years by American and Japan Co.. American shall appoint the first chairman of the Board of Directors. In the event any member of the Board resigns, is removed or is unable or unwilling to serve as a director of the Corporation, the Party who elected such member shall have the sole and exclusive right to appoint and elect a successor. Attendance of all members of the Board shall be required to constitute a quorum for any meeting of this Board, unless otherwise agreed by the Parties in writing, which agreement shall be placed with the minutes of such meeting, and no action shall be taken by the Board of Directors either with or without a meeting except by the affirmative vote and consent of all members of the Board; provided, however, that in the event of a breach by a Party of any obligation to the Corporation set forth in this Agreement or elsewhere, the members of the Board elected by the other Party shall have the sole and exclusive right: (a) to determine what action, including legal action, the Corporation will take with respect to such breach; and (b) to institute, control and determine the resolution of any such action.

4.3 Except as otherwise expressly provided in this Agreement, without the affirmative vote and consent of the holders of at least seventy-five percent (75%) of the issued and outstanding Stock of the Corporation, the Corporation shall not:

日本語訳

　4.2　取締役会は、常に4名により構成されるものとする。本契約の当事者が新会社の発行済株式の26パーセント以上を有するかぎり、その当事者は取締役会の2名の構成員を選ぶ絶対的な権利を有するものとする。アメリカン社およびジャパン社が、それぞれ、新会社の発行済株式の26パーセント以上を有するかぎり、アメリカン社またはジャパン社が、それぞれ、取締役会会長を隔年ごとに選ぶものとする。アメリカン社が初代取締役会会長を選ぶものとする。取締役会の構成員が辞任しまたは解任されあるいは新会社の取締役としての職責を果たすことができないときまたは果たそうとしないときは、その構成員を選んだ当事者が、その承継者を指名して選ぶ独占的かつ絶対的な権利を有するものとする。取締役会の定足数を満たすには、構成委員の全員出席を必要とする。ただし、両当事者が書面でそれと異なった合意をし、その合意がその取締役会議事録に記載される場合は除く。取締役会の全員一致の決議および同意がある場合以外は、取締役会開催の有無を問わず、なんら取締役会の行為をなしえないものとする。ただし、いずれかの当事者が本契約またはその他に定める新会社に対する義務に違反した場合は、他の当事者により選ばれた取締役会の構成員が、（a）法的措置を含む新会社がその違反に対してとるべき行為を決定し、（b）その行為の決議を開始し、支配しおよび決定する、唯一かつ絶対的な権限を有するものとする。

　4.3　本契約において、別段に明示に定める場合を除き、新会社は、少なくとも、新会社の発行済社外株式の75パーセントの所有者の賛成投票および同意がなければ、下記の行為はなしえないものとする。

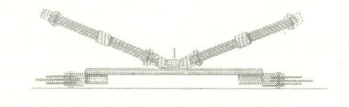

(a) Authorize or issue any additional capital stock or other equity security of the Corporation of any class, kind or series, or any options to purchase, or other security convertible into such security;

(b) Alter or amend its Articles of Incorporation;

(c) Sell, lease, exchange or dispose of all or, except in the ordinary course of business, any significant portion of its assets or consolidate with or merge into or with another company;

(d) Acquire more than five percent (5%) of the outstanding shares of any other company or acquire all or, except in the ordinary course of business, any significant portion of the assets of any other business; or

(e) Adopt a plan of liquidation or dissolution.

Article 5   Financing of Corporation

The Parties anticipate that the initial capitalization of the Corporation, as set forth in Article 3 of this Agreement, should be sufficient to provide for the initial phases of the Corporation's operations and that any remaining funding should be provided from the revenues of operation. If additional funds are required, the parties agree that the Corporation shall, insofar as possible, and consistent with sound business and financial practices, obtain debt financing for its operations from unrelated lenders in such amounts, for such purposes and on such terms as the Board of Directors may determine.

日本語訳

（a）新会社の株式またはその他の持分証券（その種類等は問わない）、新株予約権証券、またはそのような証券に転換可能なその他の証券の発行を授権しまたは発行すること；

（b）定款を変更または改正すること；

（c）資産の全部または重要部分の売却、賃貸、交換または処分、または他の会社と統合、新設・吸収合併をすること（通常の取引で行われる場合を除く）；

（d）他の会社の発行済株式の5パーセントを超える株式を取得または他の営業の資産の全部または重要部分を取得すること（通常の取引で行われる場合を除く）；または

（e）会社の清算または解散を採択すること。

第5条　会社の資金調達

両当事者は、本契約の第3条に定める新会社の最初の資本金は、初期の新会社の運営に十分な金額であり、それ以外の資金は会社の営業収益から得られるものであることを予想する。もし、追加資金が必要な場合は、両当事者は、新会社ができるかぎり健全なビジネスおよび財務の慣行に合致して、当事者と無関係の貸主から取締役会が定める金額、目的および条件でその運転資金の借入をうけるべきであることに、合意する。

ワード＆ポイント

①other equity security…「持分証券（株式以外の会社を所有する権利）」の意味です。
②other security convertible into such security…「上記の証券に転換することが可能な他の証券（転換社債など）」の意味です。
③consolidate…「吸収合併」や「新設合併」を意味します。日本法上は、mergerと同じ意味になります。
④liquidation or dissolution…「会社の清算または解散」の意味です。

Article 6　Accounting and Distribution

6.1　The books and records of the Corporation will be maintained in accordance with generally accepted accounting principles in effect from time to time in Japan. <u>The books and records</u> will be maintained at the principal office of the Corporation and <u>will be available for examination by any Party</u> at reasonable times during regular business hours.

6.2　The Corporation shall cause to be prepared and delivered to each party within ninety （90） days after the end of each of its fiscal years an unaudited balance sheet as of the end of such fiscal year and statements of income, <u>retained earnings</u> and changes in financial position for the period then ended.　The Corporation shall also prepare and deliver to the parties within a reasonable time after the end of each fiscal quarter and unaudited balance sheet and <u>statement of income</u> for such fiscal quarter and for the year to date.

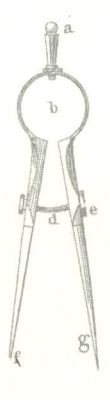

日本語訳

第6条　会計・配当

6.1　新会社の会計帳簿および会計記録は、日本においてそのとき有効な一般会計原則に従って作成され、保持されるものとする。会計帳簿および会計記録は、新会社の本社に保管され、通常の営業時間内の合理的な時間に、各当事者の検査のために利用できるものとする。

6.2　新会社の各当事者に対し、各会計年度末日から90日以内に、当該会計年度末日現在の未監査の貸借対照表と当該会計年度期間内の収入、留保利益、および財務状態の変動を記載した書面を提出するものとする。新会社は、また、各当事者に対し、会計年度の各四半期の末日から相当期間内に、その四半期間およびその年のその日までの未監査の貸借対照表および損益計算書を作成し、提出するものとする。

ワード＆ポイント

①The books and records ...... will be available for examination by any party…合弁会社の帳簿や記録が各当事者の検査のために利用できることを意味しています。
②retained earnings…「留保利益」のことです。
③statement of income…「損益計算書」のことです。

契約書

6.3 Unless otherwise mutually agreed by the Parties from time to time, and subject to the requirements of law and the provisions of any loan to the Corporation, the Parties agree that they will cause the members of the Board of Directors of the Corporation to declare and cause the Corporation to pay, within a reasonable time after the end of each of its fiscal years, cash dividends equal to not less than ___ percent (_%) of the Corporation's net after-tax earnings as shown on the Corporation's statement of income for such fiscal year; provided, however, that such dividends will be declared only out of retained earnings of the Corporation. Such dividends will be distributed between the parties on a prorata basis in accordance with the respective number of shares of Stock owned by each of them. The Corporation will use its best efforts to obtain any debt financing from unrelated lenders on terms which are not inconsistent with the foregoing provisions of this Article 6.3, but the Parties recognize that lenders to the Corporation may require dividend restrictions inconsistent with the foregoing provisions and the Parties recognize and agree that the Board of Directors shall have the discretion to authorize and accept loans with such dividend restrictions if the Board of Directors determines in good faith that such loans are in the overall best interest of the Corporation.

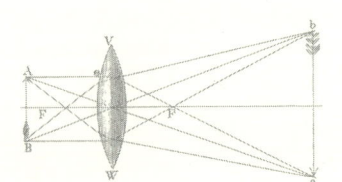

︙

日本語訳

6.3 両当事者が、適宜、別段合意した場合を除き、法律の要求およびローン契約の条項の制限の下に、両当事者は、新会社の取締役会の構成員をして、各会計年度末日後相当期間内に、その会計年度の損益計算書に示された税引後純利益の＿＿パーセント以上の金額にあたる現金配当を宣言させ、新会社にその配当を支払わせることに合意する。ただし、その配当は、新会社の留保利益のみから支払わせることに合意する。その配当は、各当事者が所有する本件株式数に比例して、当事者間に配分されるものとする。新会社は、最善を尽くして、本条項の前述の規定と抵触しない条件で、無関係の貸主から金員を借り受けるものとする。しかし、両当事者は、貸主が上記規定と抵触する配当制限を要求するかもしれないことを了解し、もし取締役会がそのような借り入れが総合的にみて会社の利益になると誠実に判断した場合は、取締役会がそのような配当制限の条件で借り入れすることができる裁量権を有することを了解し、合意する。

⋮

ワード＆ポイント

①net after-tax earnings…税引後（会社の収益に課せられる法人税などを控除した後）の利益のことです。

契約書

Article 8　Transfer Restrictions and Right of First Refusal

8.1 Neither Party to this Agreement may pledge, mortgage, hypothecate or otherwise transfer as security any of the Stock without the prior written approval of the other party.

8.2 Except as otherwise provided in this Article 8, neither Party may sell, transfer, assign or otherwise dispose of any of the Stock without the prior written consent of the other Party, or, in the absence of such consent, except in accordance with the terms and conditions set forth below:

(a) Either Party (the "Seller") desiring to sell, transfer, assign or otherwise dispose of all or any portion of the Stock now or hereafter owned by it shall first obtain a bona fide written offer (the "Outside Offer") from a non-affiliated third party (the "Third Party") to purchase such Stock and, before the Seller may accept the Outside Offer, it shall offer to sell such Stock to the other shareholders of the Corporation (the "Other Shareholders") at the price and upon the terms contained in the Outside Offer. The Seller's offer to the other Shareholders shall be in writing and shall be accompanied by a true and correct copy of the Outside Offer and the full name and address of the Third Party. The Other Shareholders shall be entitled to acquire all (but not less than all) of the offered Stock at the price and upon the terms stated in the Outside Offer in amounts proportionate to their own respective holdings of Stock (unless:

日本語訳

第8条　株式譲渡制限・株式先買権

8.1　本契約の当事者は、他の当事者の事前の書面による同意なくして、本件株式に質権、譲渡抵当権または非占有質権を設定したり、あるいは担保のために本件株式を譲渡したりすることはできないものとする。

8.2　本条の第8条で別途定める以外、本契約のいずれの当事者も、他の当事者の書面による事前の同意なくして、本件株式を売却、移転、譲渡、またはその他の方法で処分することはできないものとする。ただし、他の当事者の同意なき場合といえども、下記の条件に従う場合は、それらをなしうるものとする。

（a）現在または本契約締結後所有する本件株式の全部または一部を売却、移転、譲渡またはその他の方法で処分することを望む当事者（「本件売主」）は、最初に無関係の第三者（「本件第三者」）から善意の書面による本件株式の購入申込（「外部申込」）を得なければならない。そして、本件売主は、その外部申込を承諾する前に、新会社のほかの株主（「残存株主」）に対し、外部申込の売買金額と条件で、本件株式の売却を申し込まなければならない。本件売主の残存株主に対する申し込みは書面でなされ、それに外部申込の正確な写しと本件第三者の名前と住所が添付されなければならない。残存株主は、それぞれ、本件売却株式の全部（全部でない場合は不可）を、自己がそれぞれが現実に所有する本件株式の数にもとづき残存株主間で比例配分された割合で、外部申込と同じ売買金額および条件で、買い取る権利を有するものとする。ただし、

ワード&ポイント

①a non-affiliated third party…"an affiliated company"は関連会社を指しますので、ここでは「各当事者と関係のない第三者」を意味します。

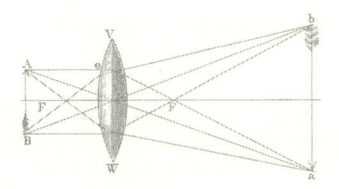

契約書

(i) otherwise agreed among them, or (ii) one or more of them declines the offer, in which event the remaining Other Shareholders shall be entitled to purchase the excess Stock in amounts proportionate to their own respective holdings of Stock or as otherwise agreed among them), and shall have thirty (30) days after receipt of the Seller's written offer in which to accept the same by delivering a written notice to that effect to the Seller. If the Seller's offer is accepted by the Other Shareholders as to all of the offered Stock, the closing shall be at the principal office of the Corporation within thirty (30) days after the Seller's receipt of acceptance. At the closing, the Seller shall deliver to the Other Shareholders certificates representing all of the offered Stock, and free and clear of all claims, liens, encumbrances, restrictions and security interests (except for the restrictions created by this Agreement and any liens, encumbrances, restrictions or security interests permitted under the Outside Offer), with full warranties of title. Upon presentment of such certificates, the Other Shareholders shall pay the purchase price in accordance with the terms and conditions of the Outside Offer, or upon such other terms and conditions as may be agreed upon by the Seller and the Other Shareholders.

日本語訳

　（i）残存株主間で別途合意した場合、または（ii）残存株主の一人以上が本件申込を拒絶した場合は除く（（ii）の場合は、他の残存株主が、かれらが所有する本件株式の数にもとづき比例配分された割合で、またはかれらの合意に従って、その拒絶より余った本件売却株式を、買い取る権利を有するものとする）。残存株主は、本件売主の書面による申し込みの受領後30日以内に、本件売主に対して、書面により申込承諾の通知をしなければならないものとする。本件売主の申し込みが残存株主から本件売却株式の全部について受諾された場合は、クロージング（売買契約の決済）は、本件売主が受諾の書面を受領後30日以内に、新会社の本社において、行われるものとする。クロージングにおいて、本件売主は、残存株主に対して、すべての本件売却株式を表章する株券を、その権利の完全な保証をして、なんら第三者の請求権、先取特権、負担、制限または担保権が付着していない状態で（ただし、本契約により創設された制限ならびに外部申込上許容された先取特権、負担、制限および担保権は除く）、引き渡すものとする。かかる株券の提供がなされしだい、残存株主は外部申込の条件または本件売主と残存株主が合意した条件に従い、売買代金を支払うものとする。

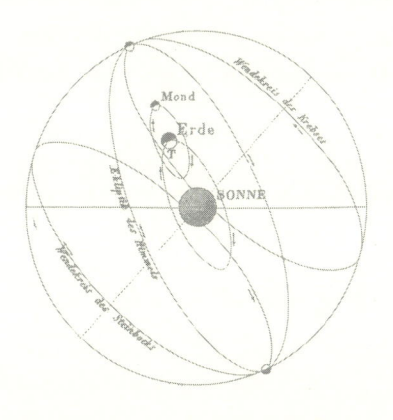

契約書

(b) If the Seller's offer is not accepted by the Other Shareholders as to all of the offered Stock, then the Seller shall be free to sell, transfer or assign all (but not less than all) of the offered Stock to the Third Party at the price and upon the terms and conditions contained in the Outside Offer; provided, however, that before such transfer may be consummated, the Seller shall furnish the Corporation with an opinion, in form and substance satisfactory to the Corporation, of counsel satisfactory to the Corporation, that the sale and transfer of such Stock does not violate the provisions of any applicable securities laws and the Seller shall cause the Third Party to acknowledge and agree in writing to be bound by the terms, conditions and restrictions of this Agreement to the same extent as if the Third Party had originally been a party to this Agreement.

(c) If the Stock so offered to the Other Shareholders, but not accepted by them, has not been sold, transferred or assigned to the Third Party in accordance with the terms and conditions of the Outside Offer within thirty (30) days after the expiration of the offer to the Other Shareholders, then the restrictions provided in this Article 8.2 shall again become effective with respect to such Stock, and no sale, transfer, assignment or other disposition of such Stock may be made thereafter without the prior written consent of the Other Shareholders as aforesaid or without again offering such Stock to the Other Shareholders in accordance with the provisions of this Article 8.2.

日本語訳

　(b) 本件売主の申し込みが、本件売却株式の全部について残存株主により受諾されなかった場合は、本件売主は、自由に、本件売却株式の全部（一部の売却等は不可）を、本件第三者に対し、外部申込の売買金額および条件で、売却、移転、または譲渡しうるものとする。ただし、その株式移転が完了するまでに、本件売主は新会社に対し、新会社が満足する弁護士がその株式の売買および移転は適用される証券取引法の条項に違反しない旨を表明した意見書を、新会社の満足のいく内容および形式で、提出し、本件売主は、本件第三者をして、本件第三者が本契約の当初の当事者とまったく同じ範囲で本契約の条項、条件および制限に拘束される旨を書面で承認させ、合意させなければならない。

　(c) 残存株主に売買申込されたが受諾されなかった本件株式が、残存株主に対する申し込みの期間満了後30日以内に、本件第三者にも外部申込の条件に従って売却、移転、または譲渡されなかった場合は、その株式に対し、第8条第2項に規定された制限が再び効力を発生し、その後、前述の残存株主の書面による事前の同意または第8条第2項の規定に従った残存株主に対するその株式の売買申込が再びなされなければ、その株式の売買、移転、または譲渡はなしえないものとする。

ワード&ポイント

①but not less than all…全部より未満でないこと。すなわち「全部」を意味します。

②aforesaid…「上（前）記」の意味です。英文契約書によく使われる語句です。

8.3 Any purported gift, sale, transfer, assignment, mortgage, pledge or hypothecation of any of the Stock in violation of this Agreement shall be null and void and the Corporation shall not recognize any such gift, sale, transfer, assignment, mortgage, pledge or hypothecation as passing any interest in such Stock.

⋮

Article 12　Termination

12.1　Either Party shall have the right to terminate this Agreement by giving written notice to the other Party upon the occurrence of any of the following events:

(a) bankruptcy or insolvency of the other Party;

(b) a default by the other Party of any provisions. No default shall be deemed to have occurred for the purpose of this Article 12.1 (b) until the Party not in default shall have first given written notice of such default to the Party in default, and the Party in default shall have failed to cure such default within ninety (90) days after receipt of such written notice.

12.2　In the event of termination of this Agreement pursuant to Article 12.1:

Neither Party shall be discharged from any antecedent liability to the other Party and all of the rights and remedies of the Parties shall be preserved, except that neither Party shall be liable for consequential damages;

日本語訳

　8.3　本件契約に違反するいかなる本件株式の贈与、売買、移転、譲渡、抵当権設定、質権設定または非占有質権設定も無効であり、効力を有せず、新会社はそのような贈与、売買、移転、譲渡、抵当権設定、質権設定または非占有質権設定をかかる本件株式の権利の移転として認めないものとする。

︙

第12条　契約の解約

　12.1　いずれの当事者も、以下の１つの事由でも生じたときは、他の当事者に書面で通知して、本契約を解約できる権利を有する。

　（a）他の当事者の破産または支払不能

　（b）他の当事者の本契約の不履行。ただし、違反した当事者に対して、相手方当事者がその違反についてまず書面で通知して、違反当事者が、その通知受領後90日以内に、その違反を是正しないときまで、第12条第１項（b）上の不履行は生じないものとする。

　12.2　本契約が第12.1条に従って解約されたときは、
　いずれの当事者も、他の当事者に対して、すでに発生した責任を免れないものとし、当事者のすでに発生した権利または救済手段はそのまま維持されるが、いずれの当事者も派生損害については、その責を負わないものとする。

ワード＆ポイント

①hypothecation…対象となっている資産の占有や所有権を移転しない担保権のことです。日本法上にはこのようなものはありません。
②null and void…「無効」の意味です。"null" も "void" も同義語です。
③antecedent liability…"antecedent" は「先例」「前例」の意味で、ここでは本契約解約時までに発生した債務を意味します。

The terminating Party shall have the right, at its option, of (i) electing to liquidate and dissolve the Company, or (ii) purchasing all the shares in the Company then held by the non-terminating Party or having non-terminating Party purchase all the shares in the Company then held by the terminating Party at a price to be determined pursuant to Article 9.2.

12.3 Upon termination of this Agreement pursuant to Article 12.1, except in the case where the shares in the Company are being purchased by the terminating Party in accordance with this Agreement, all agreements between the Company and either of the Parties shall be terminated.

Article 13 Agreement of Corporation

13.1 Upon the formation of the Corporation, the parties agree to cause the Board of Directors of the Corporation to adopt a resolution pursuant to which the Corporation will agree for itself and for its successors and assigns:

to consent to and agree to be bound by this Agreement;

not to transfer, issue or reissue any of the Shares in violation of this Agreement or without requiring proof of compliance with this Agreement; and

to place the legend set forth in Article 11.1 on all certificates for the Shares issued by the Corporation during the term of this Agreement.

日本語訳

　本契約を解約しようとする当事者は、(i) 本会社を清算し解散するか、(ii) 他の当事者が所有する本会社の株式を、第9条第2項の定めに従って決定された価格で、すべてを購入するか、あるいは他の当事者に、解約当事者が所有する本会社の株式すべてを買い取らせるか、いずれかを選択できる権利を有するものとする。

　12.3　第12条第1項に従い本契約が解約されしだい、本契約を解約した当事者が、本契約に従って、本会社の株式を取得した場合を除いて、本会社と当事者との間のすべての契約は終了するものとする。

第13条　新会社の合意
　13.1　新会社の設立しだい、両当事者は、新会社の取締役会をして、新会社がそれに従って新会社、その継承人またはその譲受人のために下記の行為をなすことに同意する決議を採択させることに合意する。
　本件契約に拘束されることに同意し合意すること；
　本件契約に違反したり、あるいは本件契約に従ったことの証明を要求することなくして、本件株式を移転、発行、または再発行しないこと；および
　第11条第1項に定める事項を、本契約期間中、新会社が発行する本件株式のすべての株券に記載すること。

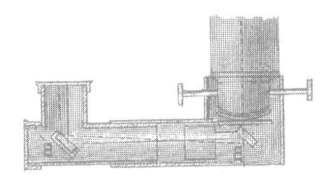

付録 ● 英文契約書の重要用語と用法

●英文契約の特殊な用語・用法

◎**absolute right**
「絶対的な権利」の意味で、「なんら制限のついていない、自由に行使できる権利」の意味で使われます。

◎**act of God**
「天災」の意味。不可抗力条項で使われます。

◎**affiliate、affiliated company**
「関係（関連）会社」の意味で使われます。

◎**aforesaid**
「前述の（上記の）」の意味で使われます。

◎**and/or**
「および／または」の意味です。「A and/or B」は3つの場合（Aのみ、Bのみ、またはAとBの場合）を意味します。

◎**applicable**
「適用されるべき」の意味で使われます。

◎**Articles of Incorporation**
「（英米法上の会社の）基本定款」の意味です。会社の名称や目的など、基本的事項しか定めておらず、日本の会社の定款の内容のほとんどは、By-Laws（付属定款）に定められています。

◎**assign、assignment**
「譲渡する」、「譲渡」の意味です。

◎**assume、assumption**
「（役務や任務を）引き受ける」、「引き受け」、「仮定する」、「仮定」の意味で使われます。

◎**as the case may be**
「場合に応じて」の意味で使われます。

◎**at one's discretion**
「〜の裁量で」の意味です。

◎**bear**
費用等を「負担する」の意味で使われます。

◎**best efforts (endeavors)**
「最善の努力」の意味です。

◎**bind**
「（当事者を）拘束する」、「義務を負わす」の意味で使われます。

◎**By-Laws**
「（英米法上の会社の）付属定款」の意味です。会社の内部的規則を定めています。

◎**call**
　　　　「招集通知」や「コール（買付）オプション」の意味で使われます。
◎**claim**
　　　　「権利」、「請求権」、「主張」の意味で使われます。
◎**closing**
　　　　「（取引の）結了」や「決済」の意味で使われます。
◎**commission or omission**
　　　　「作為または不作為」の意味で使われます。
◎**commitment**
　　　　「約束」の意味で使われます。
◎**consideration**
　　　　「約因」または「対価」の意味で使われます。
◎**contingency**
　　　　「偶発事由」の意味で使われます。
◎**date hereof**
　　　　「本契約（締結）日」の意味です。
◎**debt**
　　　　「金銭債務」の意味ですが、「金銭債権」の意味で使われることもあります。
◎**deem 〜**
　　　　「〜とみなす」の意味です。
◎**default**
　　　　「契約の履行を怠ること」の意味で使われます。
◎**dissolve、dissolution**
　　　　会社などを「解散する」、会社などの「解散」の意味で使われます。
◎**due**
　　　　「満期の」、「支払われるべき」、「明白な」、「正当な」の意味で使われます。
◎**due diligence**
　　　　企業買収や不動産取得における対象企業や不動産の「調査」や「精査」を意味します。
◎**encumbrance**
　　　　「不動産上の担保権や負担」の意味で、不動産上の権利を制限する担保権や通行権などの制限物権を意味します。不動産上の担保権等にかぎらず、一般的な担保権や負担の意味で使われることもあります。
◎**entity**
　　　　「実在物」の意味で、会社、パートナーシップ、信託、団体、組織など、行為の主体となる一般的なものの意味で使われます。
◎**equity**
　　　　「公平」、「公正」、「衡平法」、「持分」、「株主所有権」の意味で使われます。

◎**event**
　「〜の場合」の意味で、解除事由を列挙する場合などに使われます。

◎**execute**
　「(契約書・証書の) 作成」の意味で使われます。「履行する（執行する）」の意味でも使われます。

◎**expressed or implicit**
　「明示または黙示」の意味で使われます。

◎**for the purpose(s) of**
　「〜において」、「〜の目的のために」の意味です。

◎**free and clear of**
　不動産や株式に「なんらの制限や負担（担保物権）などがついていない」ことを意味します。

◎**governing law**
　「準拠法」の意味です。

◎**hereof、herein**
　このhereは、"this writing"の意味で、本契約書を意味します。"in this Agreement"は"herein"で表せます。

◎**if any**
　「もしそのようなことがあれば」の意味です。

◎**in a lump sum**
　「一括した金額で」の意味で使われます。

◎**incorporation**
　「(会社の) 設立」の意味で使われます。

◎**indemnify and hold the other party harmless**
　「〜を補償し、他当事者になんら損失を被らせない」旨の補償条項に使われます。

◎**in no event**
　以下の文章の行為が禁止されていることを示すために使われます。

◎**inter alia**
　「とりわけ」の意味で使われます。

◎**invalid**
　「無効」の意味です。

◎**irreparable injury**
　「回復できな傷害・損失」の意味です。

◎**issued and outstanding capital stock (shares)**
　「(英米法上の) 発行済の社外株式」の意味で使われます。「outstanding stock」は自己株式を除いた社外株式を意味します。

◎**jointly and severally**
　「連帯して」の意味。連帯責任や連帯保証で使われます。

○ **jurisdiction**
「裁判管轄権」、「裁判権」、「法域」の意味で使われます。国、州、公共団体、裁判所などが行為として行うことのできる法的権限のことで、それらが権限をおよぼすことのできる事件、事項、地域などについて使われます。

○ **lien**
日本法の先取特権という担保権に類似した英米法上の担保権です。

○ **liquidate、liquidation**
「（会社などの）清算・整理」の意味で使われます。

○ **material**
「重要な」、「実質的な」の意味で使われます。

○ **minutes**
取締役会や株主総会の「議事録」の意味で使われます。

○ **misconduct**
「違反行為」の意味です。さまざまな義務違反行為や非行行為を指します。

○ **mortgage**
「（譲渡）抵当権」の意味です。日本の抵当権に類似した英米法上の担保権です。

○ **mutatis mutandis**
「必要な変更を加えて」の意味で、「準用する」の意味で使われます。

○ **non-assessable**
「追加の支払義務がない」の意味で使われます。

○ **notwithstanding ～**
「（その前で規定したこと）にもかかわらず」の意味で使われます。

○ **pari passu**
「同条の」「同じ順位」の意味で使われます。

○ **payable**
「支払うべき」、「支払う義務のある」の意味で使われます。

○ **pledge**
「動産質」または「質物」の意味です。

○ **preferred stock**
「優先株式」の意味です。

○ **pro rata**
「按分して」、「比例して」の意味で使われます。

○ **proviso**
「但書」の意味です。

○ **public domain**
「公有」の意味で、"The information is in the public domain."（当該情報が公有になっている。つまり公知になっている）という意味で使われます。

◎**reasonable**
「相当な」、「合理的な」の意味で使われます。

◎**receivership proceeding**
「財産管理手続」の意味で、裁判所から任命された管理人が、債務者の資産を管理する手続です。

◎**redemption**
「買戻」、「償還」の意味で使われます。

◎**remedy**
「(損害賠償請求権、契約解除権や差止請求権など)相手方の債務不履行に対する救済手段や権利回復手段」を意味します。

◎**revocable**
「取消可能な」、「撤回可能な」の意味です。

◎**(first) right-of-refusal**
「優先先買権」の意味で、ある物や権利が第三者に売却されるとき、その売却価格と同じ価格でその物や権利を、その第三者に優先して買うことのできる権利です。

◎**said**
「上記の」の意味で、前に出てきた語句や節を指します。

◎**same**
「the same」として、前に出てきた語句を再び全部書き出すのではなく、省略して使うときに使われます。

◎**set forth**
「〜を定める」、「〜を規定する」の意味で使われます。

◎**set-off**
「相殺」の意味です。

◎**sole discretion**
「単独の裁量」の意味で、単独で(ほかから制約されることなく)裁量権を行使できることを意味します。

◎**subject to**
「〜を条件とする」、「〜に従って」、「〜に服する」の意味で使われます。

◎**such**
「前述の」、「上記の」の意味で使われることがありますが、これは必ずしも正しい用法ではないといわれています。

◎**suit**
「訴訟」の意味です。"action"も「訴訟」の意味で使われますが、"action"は英米法のコモン・ロー上の訴訟で、"suit"は衡平法上の訴訟を意味します。

◎**tangible**
「有体」の意味です。"tangible property"は有体動産で、無体財産は"non-tangible property"です。

◎**thereof、therein**
　このthereは前に出てきた語句を指し、前に文書が出てきたときは、"that writing"の意味で、本契約書以外の文書で、この語句の前に出てきた文書を意味します。したがって、これらの語句の意味は"of that writing"、"in that writing"です。

◎**to the extent**
　「〜の限度（範囲）で」の意味です。

◎**understand、It is understood that 〜**
　「〜であることを当事者は了解（合意）する」の意味で使われます。

◎**unless**
　「〜でなければ」の意味で使われ、unless以下の文章が例外の場合になります。"unless otherwise agreed"は、「別途合意がなければ」の意味です。

◎**warrant**
　「保証」や「株式買取権」の意味で使われます。

◎**whatsoever**
　「いかなる」という意味で、"whatsoever for any reason"（どんな理由であっても、すべての場合）というように使われます。

◎**whereas**
　「〜であるがゆえに」の意味で、前文の説明部分で使われます。

◎**whichever**
　"A or B whichever is later."（A、Bのいずれか遅いほう）というように使われます。

◎**willful**
　「故意の」の意味で使われます。

◎**withholding tax**
　「源泉徴収税」の意味です。

◎**with regard to**
　「〜について」、「〜に関して」の意味で使われます。

◎**without limiting the generality of the foregoing**
　「前述したものの一般性を限定することなく」の意味で、前述の語句の後に列挙されている具体例が、その前述の語句の意味を限定するわけではないことを示しています。

◎**without prejudice to**
　「to以下のものを損なうことなく、（〜に不利益を与えることなく）」を意味します。

◎**without prior written consent of**
　「〜の書面による事前の合意なしに」の意味です。

付録 ● 重複用語のリスト

- ◎ act
- ◎ deed ── 行為

- ◎ alter
- ◎ change ── 変更する

- ◎ authorize
- ◎ empower ── 授権する、権限を与える

- ◎ costs
- ◎ expenses ── 費用

- ◎ covenant
- ◎ agree ── 合意する

- ◎ deem
- ◎ consider ── 〜とみなす

- ◎ each
- ◎ all ── すべての

- ◎ each
- ◎ every ── それぞれ

- ◎ entirely
- ◎ completely ── 完全に

- ◎ final
- ◎ conclusively ── 最終の

- ◎ for
- ◎ during ── 〜の期間

- ◎ for
- ◎ on behalf of ── 〜を代表(代理)して

- ◎ force
- ◎ effect ── 有効、効力

- ◎ from
- ◎ after
 ── 〜以降

- ◎ have
- ◎ hold
 ── 保有する

- ◎ keep
- ◎ maintain
 ── 維持する

- ◎ modify
- ◎ change
 ── 変更する

- ◎ null
- ◎ void
 ── 無効な

- ◎ perform
- ◎ discharge
 ── 履行する

- ◎ over
- ◎ above
 ── 〜を超える

- ◎ save
- ◎ except
 ── 〜以外は

- ◎ true
- ◎ correct
 ── 正しい、真正の

- ◎ void
- ◎ of no effect
 ── 無効の

- ◎ void
- ◎ of no force
 ── 無効の

- ◎ void
- ◎ of no value
 ── 無効の

Index

英文 Index

【A】

absolute right……260
action……147
acts of God……77,153
affiliated company……251,260
aforesaid……255,260
Agency Agreement……28
and/or……113,260
Annex……20
antecedent……257
antecedent liability……257
any act or omission……151
any derivation thereof……181
Appendix……20
applicable……193,260
applicable treaties……193
Arbitration……87
Article……94
Articles of Incorporation……221,260
as promptly as practicable……217
as the case may be……260
assess……223
assign……149,260
assignment……81,149,260
at its sole discretion……109
at its own cost……177
at law……127

【B】

be deemed satisfied……187
be entitled to……58,137
be held to……157
be withheld……193
bear……260
bind……114,260

Board of Directors……239
bona fide……48
breach……153
but not less than all……255
by laws……260

【C】

call……223,261
cause of action……147
certificate……193
certificate of payment……193
charge……227
claim……261
Closing……34,109,261
Closing Balance Sheet……217
commission or ommision……261
commitment……223,261
Common seal……53
Confidentiality……77
Confidentiality Agreement
　……22,38,120
consequential damage……145
consideration……50,109,261
consolidate……245
contingency……261
Cost……83
cost and expenses……48
covenant……135

【D】

D/A……25
date of incorporation of the Corporation
　……241
debt……261
deed……135
deem……187,261
default……153,261
delegate……149

Director……$_{53}$
disclaim……$_{145}$
disclaim the same……$_{145}$
dissemination……$_{167}$
dissolve……$_{261}$
dissolution……$_{245,261}$
Distributorship Agreement……$_{28,172}$
D/P……$_{25}$
draft at sight……$_{141}$
due……$_{48,193,261}$
due diligence……$_{109,261}$
duly organized and validly existing ……$_{221}$
duplicate……$_{128}$

[E]

each and all……$_{48}$
encumbrance……$_{227}$
entity……$_{261}$
entered into……$_{135}$
Entire Agreement……$_{83}$
equity……$_{127,245,261}$
exclusive distributor……$_{173}$
Exclusive License Agreement……$_{31}$
executing……$_{117}$
exhibit……$_{20}$
event……$_{262}$

[F]

F.O.B.……$_{143}$
for any reason whatsoever……$_{185}$
for the purpose……$_{262}$
Force Majeure……$_{75,153}$
Forum……$_{85,159}$
free and clear of……$_{107,262}$
from and including……$_{60}$
from but excluding……$_{60}$
from coming on……$_{60}$

full access to……$_{111}$

[G]

GAAP……$_{217}$
generally accepted accounting principles……$_{217}$
general and special meetings……$_{239}$
Governing Language……$_{81}$
Governing Law……$_{57,85,262}$
Grammar……$_{57,83}$

[H]

Heading……$_{57,83}$
herein……$_{135,262}$
hereinafter……$_{135}$
hereof……$_{262}$
hereto……$_{135}$
hold harmless clause……$_{209}$
hold its co-owner harmless against ……$_{209}$
hypothecation……$_{257}$

[I]

identical in all respects……$_{239}$
if……$_{94}$
if any……$_{262}$
in a lump sum……$_{262}$
in case……$_{94}$
in equity……$_{127}$
in full force and effect……$_{157}$
in good faith……$_{113}$
in no event……$_{181,262}$
in respect of……$_{141}$
in terms of standard measures……$_{189}$
in the public domain……$_{113}$
incidental damage……$_{145}$
including without limitation……$_{145}$
incorporation……$_{241,262}$

Incoterms······12,15
indemnity······234,262
indirect damage······145
infringement······196
insolvency······149
Integration······57
Integration Cluase······52
intellectual property right······176
inter alia······262
invalid······262
inventory······177
irreparable injury······127
irrevocable ······141,209
issued and outstanding stock······107
Item······94

[J]

Joint Development Agreement
······32,202
Joint Venture Agreement······36
jointly and severally······262
jurisdiction······85,157,159,229,262

[L]

L/C······141
Letter of Credit······141
Letter of Intent······22,106
License Agreement······30,184
Licensee······30
Licensor······30
lien······227,263
liquidation or dissolution······245,263

[M]

Manufacturing & Supply Agreement
······28,164
market conditions······177
material······111,263

may······48,58,139
Memorandum of Understanding
······22
merchantability······145
Merger & Acquisition Agreement
······34,214
minor imperfections······227
minutes······219
misconduct······263
moratorium······149
mortgage······227

[N]

negative difference······217
net after-tax earnings······249
Net Asset Value······217
Net Selling Price······195
non-affiliated third party······215
non-assessable······223
Non-Exclusive License Agreement
······31
non-use obligations······125
Notice······57,79
notwithstanding······149,263
null and void······257

[O]

Obligation after Termination······77
on or after······60
on or before······60
Option Agreement······40
option······40,223
ordered accepted but not performed
······179
ordinary course of business······233
other equity security······245
other security convertible into such security······245

other tangible form······*121*
otherwise transfer······*149*
out-of-pocket······*191*
outstanding······*107*

[P]

Paragraph······*94*
pari passu······*263*
Parole Evidense Rule······*53*
payable······*48,137,263*
Payment Withholding Tax······*79*
petition······*149*
pledge······*227*
positive difference······*217*
preferred stock······*213*
Premises······*20,48,135*
prior to······*141*
pro rata······*48*
products······*165*
provided that······*48*
provided, however, that······*141*
propriety right······*167*
proviso······*263*
public domain······*113,263*

[R]

reasonable······*153,195,231,264*
reasonable inquiry······*231*
reasonable period······*153*
receiver······*149*
receivership proceeding······*264*
Recital······*18*
redemption······*225,264*
registerd mail······*78*
Remedies for Default······*80*
remedy······*81,153,264*
representation······*145*
requisite corporate action······*223*

retained earnings······*247*
revocable······*264*
right-of-first-refusal basis······*209*
risk······*143*
Royalty······*30*

[S]

said······*115*
Sales Agreement······*24,143*
same······*264*
Schedule······*20*
secretary······*22,25*
Section······*94*
security interest······*227*
Serverability······*57,83*
service of process······*159*
set forth······*264*
set-off······*264*
shall······*48,58,137*
Shareholders Agreement······*238*
similar damage······*145*
special damage······*145*
statements of income······*247*
Statue of Frauds······*50*
subject to······*107,264*
sublicense······*169*
submits to the jurisdiction······*159*
Sub-paragragh······*94*
Subsection······*94*
such······*264*
suit······*264*

[T]

tangible······*264*
term······*48,57*
terms and conditions······*107*
therein······*265*
thereof······*141,265*

271

title……227
to and including……60
to the extent……265
tort……145

【U】
unanimous vote……239
unless……265
use its best efforts……143

【V】
venue……159

【W】
Waiver……57,80
warrant……223,265
whatsoever……185
where……94
Whereas……18,48
Wherereas Clause……20
will……48,58,175
with regard to……141,265
with respect to……141
without recourse……141
without the prior written consent……149
Witness Whereof……18
Witnesseth……18,48

和文 Index

【あ】
委託先……28
委託者……28
一覧払手形……141
一般条項……20,46
インコタームズ……12,15
営業売買契約……35
英米法……16
大文字……58
オプション……40
オプション契約……40
オプション料……40

【か】
会社設立日……241
会社定礎……221
解除……74
解除権……74
改良技術……183
瑕疵……227
株式買付選択権……223
株式買取選択権……223
株式売買契約……35
株主総会……219
管轄権……229
間接的損害……145
完全合意条項……57,82
期間……60
企業買収契約……34,212
危険負担……143
議事録……219
基本契約……24
救済手段……80,153
共同開発契約……32,200
共同開発契約書……203

衡平法……127
グラマー……82
クロージング……34
契約……135
契約期間……74
契約書フォーム……10
契約書末尾……18,20
契約締結……22
契約の一部無効……82
契約の解除（解約）……74
契約の修正・変更……82
契約の譲渡……80
契約の正式言語……80
契約の綴じ方……100
源泉徴収……12,14
源泉徴収額……14
権利・義務……68
権利救済手段……80
権利放棄……80
口頭証拠法則……16,52
合弁会社……36,236
合弁契約……36,236
合弁契約書……239
国際取引……12
国際売買契約……24,130
国内契約書……10
国内取引……12
個別契約……24
コモン・ロー……127

【さ】

在庫……177
再実施許諾……169
最低数量購入義務……27,29
最低ロイヤリティ……30
裁判……72
裁判管轄……12,14,84
裁判管轄権……157

裁判籍……159
裁判地……159
債務不履行……80
作為……151
詐欺防止法……16,50
差止請求……127
資産売買契約……35
事情変更……70
実行可能性……65
実施許諾……169
実費……191
自動更新規定……74
支払不能……149
支払猶予……149
社印……52
主語……54
受領通知……78
純売上高……195
準拠法……12,14,84
純資産価額……217
条……94
条項……94
譲渡……149
商品性……145
証明書……193
助動詞……58
署名……53
新設合併……245
信用状（L/C）……132,141
数字……58
正式言語……80
製造委託供給契約……26,162
製造保証……163
誓約……135
説明条項……20.46
選択権……40
前文……18,20
先例……257

273

前例……257
遡及義務免除……141
訴訟……147
訴訟原因……147
損益計算書……247
損害賠償……127
存続条項……76

【た】

対価……50,109
タイプミス……98
代理店契約……28
担保権……227
知的所有権……30
仲裁……70,86
仲裁機関……86
仲裁規則……86
仲裁条項……86
仲裁地……86
仲裁人……86
超……60
長期供給契約……70
長期契約……51
通知……12,14,78
定義……74
定義条項……20,46
訂正の方法……100
定時株主総会……239
天災……153
同義語……45
動詞……54
頭書……20
時……60
独占供給義務……27
独占禁止法……30
独占購入義務……27
独占的契約……27
独占的ライセンス契約……31

独占販売店……173
特別損害……145
ドラフト……96
取締役会……239
取引条件……65

【な】

捺印証書……16,52,135
ニューヨーク条約……86
ノウハウ契約……39

【は】

ハードシップ条項……70
配達証明制度……78
売買契約書……135
派生的損害……145
販売可能性……145
販売店契約……28,170
販売店契約書……173
秘書役……22,52
非独占的契約……29
非独占的ライセンス契約……31
秘密情報……38,118
秘密保持……76
秘密保持義務……27,31,118
秘密保持契約……38,118
表題……18,20
費用負担……56,82
不可抗……76,153
不作為……151
付随的損害……145
不動産契約……51
不平等性の有無……65
不法行為……145
紛争……72
紛争解決方法……72
別紙・付表……18,20
貿易取引……13

保証契約……51
本契約書……135
本船渡条件……143
本体条項……20,46
本体部分……18,20

【ま】

前払金……40
見出しの効力……82
未満……60
無効……257
申立（書）……149
目的語……54
持分証券……245

【や】

約因……50
約因理論……16
約束……135
優先株……223
予備的合意書……22,104,107

【ら】

ライセンサー……30
ライセンシー……30
ライセンス契約……30,182
留保利益……247
臨時株主総会……239
レター・オブ・インテント……22,104
レター形式……104
ロイヤリティ……30

【わ】

割印……100

memo

memo

◎参考文献

「インコタームズ2000の手引き」(国際商業会議所日本委員会)
「英文契約書―作成実務と法理―［全訂新版］」　岩崎一生著（同文館）
「英文契約書作成のキーポイント」　中村秀雄著（商事法務研究会）
「英文契約書の解釈とドラフティング」　早川武夫著（国際商事法務Vol.27　No. 1～6（1999））
「英文契約書の基礎知識」宮野準治、飯泉恵美子著（ジャパンタイムズ）
「英文契約書の知識と実務」　日野修男他共著（日本実業出版社）
「英文ライセンス契約実務マニュアル」　小高壽一著（民事法研究会）
「共同研究・開発の契約と実務」　中島憲三著（民事法研究会）
「契約の英語1」　小中信幸、仲谷栄一郎著（日興企画）
「契約の英語2」　小中信幸、仲谷栄一郎著（日興企画）
「国際取引法」　松枝迪夫著（三省堂）
「国際売買契約ハンドブック（改訂版）」田中信幸他編（有斐閣）
「国際ライセンスビジネスの実務」　大貫雅晴著（同文館出版）
「新版 国際事業と契約」　田中信幸著（清文社）
「法律英語のプロ（第3版）」　長谷川俊明著

●著者
大塚 一郎（おおつか いちろう）

1979年京都大学法学部卒業後、1981年に弁護士登録し、竹内澄夫法律事務所を経て、1988年にコーネル大学ロースクールにおいて法学修士を取得し、同年、ニューヨーク州弁護士に登録。
その後、キルパトリック・アンド・コーディ法律事務所（米・アトランタ）、アレン・アンド・オーヴェリー法律事務所（英・ロンドン）、ブレークモア法律事務所（東京）を経て、2002年に東京六本木法律事務所を設立。

実務英語に強くなる よくわかる英文契約書

2003年3月1日　　初版第1刷発行

著　者——大塚　一郎
　　　　　ⓒ 2003 Ichiro Otsuka
発行者——野口晴巳
発行所——日本能率協会マネジメントセンター
〒105-8520　東京都港区芝公園3-1-38　秀和芝公園三丁目ビル
TEL（03）3434-2331
FAX（03）3437-6191
http://www.jmam.co.jp/

本文DTP——タイプフェイス
印刷所——株式会社シナノ
製本所——株式会社トキワ製本所

本書の内容の一部または全部を無断で複写複製（コピー）することは、法律で認められた場合を除き、著作者及び出版者の権利の侵害となりますので、あらかじめ小社あて許諾を求めてください。

ISBN 4-8207-4131-4 C2082
落丁・乱丁はおとりかえします。
PRINTED IN JAPAN

JMAM 好評既刊図書

カナ表記で通じる英語の発音

島岡丘 著

発音記号ではなく、カタカナ表記で、ネイティブにも十分通じる英語の発音を身につけるためのガイド。

A5判202頁（本体1500円＋税）

わかる・使える契約書のつくり方

重安晧 著

契約書の種類や位置づけ、内容、落とし穴やトラブルから、新しい時代の契約書のポイントなどをわかりやすく解説する。

四六判184頁（本体1300円＋税）

図解でわかるデジタルコンテンツと知的財産権

黒田法律事務所・
黒田特許事務所 著

デジタルコンテンツの利用や管理、ビジネス展開を行ううえで、知的財産権等との関係で問題となる点を取り上げ、予防法・対応策を示す。

A5判248頁（本体2000円＋税）

図解でわかるビジネスモデル特許

BMP研究会 著

ビジネスモデル特許とは、IT（情報技術）を用いて実現した新しいビジネスの仕組みや方法に関する特許。事例、特許の条件を解説。

A5判296頁（本体1600円＋税）

日本能率協会マネジメントセンター